CORINA BOMANN

PARCHIMER HEXENGESCHICHTEN

## Die Autorin

Corina Bomann wurde 1974 in Parchim geboren. Seit dem Jahr 2002 hat sie zahlreiche Romane verfasst, die in namhaften Verlagen erscheinen. Derzeit lebt sie in der Nähe von Berlin.

Mehr erfahren Sie auf: www.corina-bomann-buecher.de

Corina Bomann

# PARCHIMER HEXENGESCHICHTEN

*Hexenverfolgung in und um Parchim*

**Überarbeitete Neuauflage 2018**



Covergestaltung: Corina Bomann unter Verwendung von Motiven von MSSA und M. Unal Osmen (www.shutterstock.de)

www.corina-bomann-buecher.de

ISBN: 978-3-96353-100-2

# Inhaltsverzeichnis

# Vorwort

*»Es ist ein überaus gerechtes Gesetz, dass die Zauberinnen getötet werden, denn sie richten viel Schaden an, was bisweilen ignoriert wird... Wenn du solche Frauen siehst, sie haben teuflische Gestalten, ich habe einige gesehen. Deswegen sind sie zu töten...«*

(Luthers Predigt über Exodus, 2. Mose, 22 Vers 17, Wittenberg 1526)

* * *

Schätzungsweise 22500 Fälle von Hexenjustiz soll es in ganz Deutschland gegeben haben.[1] In Mecklenburg sind die Angaben über die Zahl der Fälle unterschiedlich. Eine Quelle spricht von 1000, eine weitere von ca. 2000 Fällen.[2]

Damit ist Mecklenburg nicht das Land der stärksten Hexenverfolgung. In Nordbayern (Franken) liegt die Zahl der Hexenprozesse bei 4500, in Nordrhein-Westfalen bei 4000. Brandenburg bildete, neben dem Saarland und

Schleswig-Holstein, das Schlusslicht in der Statistik mit 500 stattgefundenen Prozessen. In der Stadt Parchim sind bisher mehr als zwanzig Hexenprozesse nachgewiesen.

Im Mittelalter wurden in Mecklenburg vermutlich nur vereinzelt Hexenprozesse durchgeführt. Ein Beispiel ist der Prozess gegen Margareta Genseke aus Schwerin im Jahre 1336, die angeblich den Herzog Albrecht II. getötet haben soll, indem sie eine Wachspuppe verbrannte.[3]

Die Hexenverfolgung wurde in Deutschland erst im 16. und 17. Jahrhundert systematisch betrieben. Wesentlichen Anstoß dazu gab der 1487 veröffentlichte »Malleus Maleficarum«, zu deutsch »Hexenhammer«. Dieses »Handbuch für Hexenjäger« war von zwei katholischen Mönchen namens Heinrich Institor und Jakob Sprenger verfasst worden.[4]

In Mecklenburg erschien ihm Jahr 1562 die Mecklenburgische Polizeiordnung. Sie stützte sich auf die »Peinliche Halsgerichtsordnung« Kaiser Karl V., die auch »Carolina« genannt wurde. Sie schrieb unter anderem vor, das Verbrechen der Zauberei mit dem Feuer zu bestrafen. So begann nach 1562 die systematische Verfolgung der Hexerei in Mecklenburg.

In Parchim liegt die Kernzeit der Verfolgungen zwischen 1563 und 1683. Auch später sollen noch Hexenprozesse stattgefunden haben, diese endeten aber meist nicht mehr mit Hinrichtung.

Das vorliegende Werk beschäftigt sich im ersten Abschnitt mit dem Glauben an die Hexerei, im zweiten werden die Geschichten ausgewählter Prozesse in Parchim dargestellt.

Die Beschreibungen stützen sich dabei vornehmlich auf Akten aus dem Mecklenburgischen Landeshauptarchiv, dem Archiv Parchim und auf Material aus dem Museum der Stadt Parchim. Die in den Fällen genannten Personen haben gelebt, die Ereignisse haben wirklich stattgefunden.

Leider sind jedoch im Laufe der Zeit viele Dokumente verlorengegangen. So musste ich mich darauf beschränken, teilweise nur Abschnitte der Prozesse darzustellen.

Mein Dank für die Hilfe bei der Recherche geht an das Museum der Stadt Parchim, das Parchimer Stadtarchiv und das Mecklenburgische Landeshauptarchiv in Schwerin.

*Corina Bomann*
*Parchim, 2002*

# VOM GLAUBEN AN DIE HEXEREI

Der bekannte Heimatforscher Richard Wossidlo (1859-1930) gab in seinem zusammen mit dem Sprachforscher Hermann Teuchert herausgegebenen Mecklenburgischen Wörterbuch (erschienen 1937 - 1992) eine Beschreibung vom Wesen, von den Taten und der Verfolgung der Hexen aus der Sicht der mecklenburgischen Bevölkerung. Durch seine Wanderungen konnte er einzigartiges Material über die Sitten und Bräuche der Menschen, sowie über den Aberglauben in verschiedenen Landstrichen zusammentragen.[5]

Auch die Stadt Parchim kennt zahlreiche Sagen, die sich mit Hexen und Hexenmeistern beschäftigen. Unter anderem ist von der »Mutter Hanksch« die Rede oder von der »Roten Ilse«, da wird von der »Hexe mit den gelben

Fingern« erzählt und von Mitteln, die gegen eine Hexe helfen sollen. Ferner zeigen die Sagen auch recht deutlich auf, wie das Bild einer Hexe zur damaligen Zeit in den Köpfen der Menschen verankert war.[6]

Weitere Erkenntnisse, die landläufige Ansicht über Hexen und ihre Taten betreffend, lassen sich auch aus den Akten der Hexenprozesse entnehmen.

In den Aussagen der befragten Zeugen sowie der Beklagten, letztere meist in der Tortur, finden sich Beschreibungen dessen, was Hexen sind und was sie tun können. Vor Schmerz gestanden die Gefolterten alles, was der damaligen, landläufigen Vorstellung einer Hexe und ihrer Untaten entsprach.

Hinzu kam die mehr oder weniger ausgeprägte Phantasie, teilweise auch der Selbstzweifel darüber, ob man vielleicht unwissentlich das getan hatte, was einem angelastet wurde. Dabei entstanden manchmal vom Aberglauben abgewandelte Darstellungen, die jedoch in ihrem genauen Wortlaut nirgendwo anders zu finden sind. Jeder Ort, so geht es aus den Prozessakten hervor (Parchim ist nur ein Beispiel), schien sein individuelles und doch universelles Bild von Hexerei und Aberglauben gehabt zu haben.

So unterschiedlich jedoch teilweise die Ansichten über Hexen und Hexer in den Regionen, ja selbst in einer einzigen Gegend auch sind, miteinander verglichen stimmen die Darstellungen im Wesentlichen überein. Obgleich sie sich in Äußerlichkeiten unterscheiden, sind z. B. die Boshaftigkeiten, welche die Teufelsjüngerinnen und - jünger vollbringen können sollen, die gleichen. Auch die Methodik, wie die Hexen sich von Gott abwenden und sich dem Teufel verschreiben, ähnelt sich.

In den folgenden Abschnitten soll beschrieben werden, wie sich die Hexerei dem Volk, dem Aberglauben im Volk, darstellte und wie sie in Befragungen dargestellt wurde. Letztere werden später einzeln beleuchtet.

Entnommen wurden die Fakten einzelnen Akten aus dem Landeshauptarchiv und dem Stadtarchiv Parchim, dem Mecklenburgischen Wörterbuch von Wossidlo/Teuchert, den Parchimer Sagen von Burghard Keuthe und einem im Museum der Stadt Parchim befindlichen Zauberbuch eines Schäfers.

# Die Gestalt der Hexe

Die Darstellung einer Märchenhexe ist eindeutig. Hässlich ist sie, wie ihre Seele böse ist. Meist ist sie alt, krumm, mit einem Buckel auf dem Rücken, einer langen krummen Nase und Warzen im Gesicht.

Auf einem knorrigen Stock gestützt geht sie durch die Orte, murmelt Zaubersprüche vor sich hin und sinnt nur danach, dem Nächsten, dem sie begegnet, Böses anzutun. Meist wohnt sie abseits anderer Menschen und jene meiden die Behausung der Hexe peinlichst, um nicht das nächste Opfer der bösen Alten zu werden.

Befreit man die Gestalt einer Hexe von phantastischen Elementen und Vorurteilen, so ergibt sich das Bild einer alten Frau. Das Gesicht ist faltig und hat die Schönheit der Jugend verloren, die Nase scheint durch die gleichen Alterungsprozesse, die für das Aussehen des Gesichts verantwortlich sind, krumm und lang. Der Rücken ist von der Arbeit krumm, der Buckel ein Anzeichen von Knochenschwund (Osteoporose). Deshalb brauchten sie einen Stock zum gehen und hatten einen krummen Rücken.

Dass alte Frauen zuweilen abseits der Ortschaften wohnten, in dem späteren Knusperhaus des Märchens, lag oftmals daran, dass sie ohne Verwandte verblieben waren. Frühzeitig waren Mann und Kinder verstorben, wenn Kinder überlebt hatten, waren sie teilweise in der Ferne und führten ihr eigenes Leben. Die Gesellschaft drängte sie buchstäblich mehr und mehr an den Rand.

Was blieb, war eine alte Frau, die man aufgrund des herrschenden Aberglaubens argwöhnisch betrachtete, sie mied und die für die Bewohner von Dörfern und Städten um so mehr verdächtig wurde, je weiter sie sich von den anderen Menschen zurückzog.

Doch nicht alle Menschen, die in den Jahren der Hexenverfolgung vor Gericht gestellt und verurteilt wurden, waren alt. Auch Frauen mittleren Alters, junge Frauen und Mädchen sind als Hexe bezichtigt worden, ebenso Männer jeder Altersstufe. Jene machten 20% der Verfolgten aus. Die Zahl der Frauen überwog.

Daher tritt auf den nachfolgenden Seiten meist das Wort Hexe auf, selten wird der Hexenmeister oder Hexer genannt.

In der Bibel bereits wird von der Zauberin gesprochen. So heißt es im 2. Buch Mose, Kapitel 22, Vers 17: »Die Zauberinnen sollst du nicht am Leben lassen.« Im 1487 erschienenen Hexenhammer wird zwar von Hexe und Hexer gesprochen, doch in den Augen der Autoren ist die Frau neben allem Schlechten, was sie anstellen und sein sollen (nach Ansicht zweier Mönche, die zeitlebens wenig mit Frauen zu tun hatten), anfälliger für die Verführungen des Teufels.

Der Aberglaube sieht die Hexe folgendermaßen: Äußerlich ist sie vom Teufel gekennzeichnet. Sie trägt Male, sogenannte Stigmata; am Körper, diese hauptsächlich am Kopf und dort an Stirn und Schläfe. Große Muttermale, Leberflecke, Warzen und Narben sind in dieser Hinsicht äußerst verdächtig. Meist versucht die Betreffende sie unter Tüchern und Hüten zu verstecken. Wenn in eines dieser Male gestochen wird, fühlt die Hexe angeblich keinen Schmerz.

Diesen Glauben machten sich die Gerichtsherren zunutze, indem sie, als Probe, ob die Angeklagte eine Hexe sei, in jedes Mal am

Körper mit einer ca. 20 cm lagen Nadel stachen. Fanden sie eine unempfindliche Stelle, schien die Schuld schon fast erwiesen.

Die Augen einer Hexe sind meist rot, die Hände lang und dürr. Menschen mit roten Haaren sind verdächtig, ebenso Menschen mit dürrem, rauem Haar. Die Augenbrauen sind ihr in der Mitte zusammengewachsen. Außergewöhnlich ist auch die Bekleidung einer Hexe. Auffallend ist sie; sie trägt beispielsweise rote Strümpfe und einen weißen Strohhut. Hexen verraten sich auch durch seltsames Verhalten. So gehen sie nicht über einen neuen Besen und nehmen die rechte Schürzenschleife in die linke Hand. Auch sollen sie ungewöhnliches Glück haben.

In der Kirche sitzen sie an den Kirchgangstagen der Hexen (zum Beispiel der Sonntag vor und nach dem 1. Mai, Karfreitag, der Ostermorgen) rückwärts zur Kanzel. Beim Gang zum Abendmahl müssen sie sich mindestens einmal umsehen. Auch der sogenannte »Kirchenschlaf‹, das Einschlafen während der Predigt, dem Segen oder dem Gebet, ist ein Indiz für die Einwirkung des Teufels auf den Betreffenden. Dadurch will er verhindern, dass Gottes Wort an die Ohren seiner Jünger dringt und sie ihm somit untreu werden.

# Die Namen der Hexen

Hexen haben im Volksglauben unterschiedliche Bezeichnungen. Allgemein steht das Wort »Hexe« im Vordergrund, meist wird jene auch so bezeichnet. Übersetzt soll dieses Wort für Zaunreiterin, Zaunsitzerin stehen.

In der damals lateinischen Amtssprache wurde die Hexe »Striga« (Bezeichnung für Eule), »Venefica« (Giftmischerin) oder »Malefica« (Zauberin, Schadenszauberin) genannt.

Davon abgeleitet sind die Bezeichnungen für Hexenprozesse in Protokollen, Rechtsbelehrungen und ähnliches. Der »Malefiz- Prozess« wird in den Schriften genannt, oder in Hinsicht auf das Vergehen schrieb man »... in punkto veneficy...« Die Protokolle sprechen unter anderem aber auch von Unholdin, Berüchtigten. Hinzu kommen Ausdrücke aus dem Niederdeutschen.

Dort findet man zum Beispiel allgemeine Ausdrücke wie »Hex«, »Töverin« und »Töversche«. Auch »Swart Ils« (Schwarze Ilse), »Rod Ils« (Rote Ilse) und »Düwelsmariken« (Teufelsmariechen) sind Bezeichnungen für vermeintliche Teufelsjünger.

Eine andere Möglichkeit der Bezeichnung ist das Wort »Hex« in Verbindung mit den angeblichen Untaten, welche die Hexe vollbringt. So gibt es Wetter-, Pest -, Wasser-, Butter-, Feuer-, Gewitterhexen und andere.

# Die Taten der Hexen

*»Doctor Martin sagte viel von Zauberei, vom Herzgespann und Alpen, wie seine Mutter sehr geplaget wäre worden von ihrer Nachbarin, einer Zauberin, dass sie aufs aller freundlichste und herrlichste hat müssen halten und versöhnen. Denn sie schoß ihr die Kinder, dass sie sich zu Tode schrien.«*

(Aus Martin Luthers Tischreden über seine Kindheit[7])

* * *

Ebenso, wie Name und Aussehen im Volksglauben beschrieben sind, so sind auch die Untaten, die eine Hexe begehen kann und soll, fest darin verankert. Nachfolgend werden die schlimmsten Vergehen beschrieben, wie sie in Sagen und Prozessakten zu finden sind.

## *Der Übertritt zum Teufel*

Wie die Hexe zum Teufel übertritt und somit den in der Taufe gemachten Bund mit Gott bricht, wird folgendermaßen beschrieben.

Die erste Möglichkeit ist, dass der »Lehrling« von der anlernenden Hexe einen weißen Stock, meist vom Haselstrauch, hingehalten bekommt, ihn anfassen und dazu den Spruch aufsagen soll: »Ich fasse an diesen Stock und verlasse unseren Herrn Gott.«

Dieses wird oftmals beim sogenannten »Feuerherd« im Haus der Hexe abgehalten.

Weitere Möglichkeiten sind, dass die angehende Hexe um einen Topf schleicht, indem ihre Lehrmeisterin ihre Zaubertränke braut und spricht: »Ich glaube an den Pott und nicht an Gott«. Möglich ist aber auch, dass sie um einen Misthaufen geht und sagt: »Ich krieche um den Mist und schwöre ab Jesu Christ.«

In dem Protokoll des nachfolgenden Hexenprozesses der Trine Zeleke wird der Übertritt folgendermaßen beschrieben: Die Hexe wurde von ihrer angeblichen Lehrmeisterin einem Geist übergeben. Die Novizin gab ihr Einverständnis dazu und wurde von dem Geist folgendermaßen angewiesen: »Fasse an meinen Rock und verlasse Gott«. Die genannte Frau gab diese Aussage in der Tortur.

Nach erfolgter Abwendung von Gott werden der Hexe oder dem Hexer meist mehrere (männliche oder weibliche) Geister zugeführt, mit denen sie »buhlen« müssen, was Beischlaf bedeutete. Diese Geister wurden dann, nach vollzogenem Verkehr, unter das Geheiß des Teufelsjüngers gestellt.

Jene begehen dann die Übeltaten für die jeweilige Person. Auffällig ist, dass fast alle der Hexerei Angeklagten in Mecklenburg, wenn sie nach dem Namen ihres Geistes gefragt werden, »Chim«, die Kurzform von Joachim oder Jochim (im 17. Jahrhundert recht beliebte männliche Vornamen) angeben. Eine Abwandlung davon ist »Chimeken«, wie er von Catharina Dünnebier unter der Folter genannt wurde.

## *Die Übeltaten der Hexen*

Hexen werden oft mit unheilvollen Geschehnissen und Unglücksfällen in Verbindung gebracht.

So sollen sie Vieh behexen können, es dadurch krank werden und sterben lassen. Kühe und Ochsen, denen angeblicher Teufelszauber widerfahren ist, werden meist mit aufgeblähtem Bauch aufgefunden, der »Geifer« geht ihnen aus dem Halse, die Zunge hängt heraus, die Augen sind nach hinten gedreht. Hygienische Belange und Mikrobiologie waren damals unbekannt, das Massensterben ganzer Viehbestände wurde mit dem Einwirken einer Hexe erklärt.

Seuchen wie Rotlauf, Maul- und Klauenseuche sowie schwere Koliken oder eingefressene Gegenstände, die zur Erstickung geführt hatten, wurden als Teufelswerk bezeichnet. Es ist jedoch nicht auszuschließen, dass die angebliche Hexe aus Missgunst das Tier getötet oder gar einen Versuch durch »Zauberei« gewagt hat.

Jener war sicherlich zweifelhaft und der Nagel in der Futterkrippe wirkungsvoller, doch es kann nicht ausgeschlossen werden, dass jene, die in ihren Geständnissen beschrieben, wie sie jemandes Vieh umgebracht haben wollen, dies auch wirklich versucht und durchgeführt hatten. Wenn auch nicht durch Hexerei. Gleiches gilt für alle anderen Untaten. Manchmal werden Tiere auch dazu gebracht, sich wie toll zu benehmen. Schweine hauen mit ihren Hufen Bretter aus dem Stallboden, Gänse rennen aufgescheucht durch den Stall und wenn die Besitzer dann Licht machen, finden sie keine Ursachen. Pferde toben in ihren Stallungen, treten an die Türen. Auch wenn Tiere nicht fressen wollen, oder nicht zunehmen, hat das im Volksglauben seine Ursache im Zauber einer Hexe. Man sagt, sie habe dem Vieh das Maul »taubunnen«, also zugebunden.

Hexen vermögen es dem Aberglauben nach auch, Kühe durch die Wand zu melken. Sie versuchen, nachdem eine Kuh gekalbt hat, an die Nachgeburt zu kommen und können somit den Zauber ausführen. Der Besitzer bemerkt dies erst dann, wenn die Kuh über längere Zeit weniger oder keine Milch gibt.

Eine weitere Möglichkeit des Abmelkens besteht für die Hexen darin, ein Handtuch zu benutzen, einen grauen Wollfaden an einen Baum zu binden oder eine Gabel oder zwei Stöcke in die Wand zu stecken. Auch Missbildungen bei Jungtieren oder das Versterben von neugeborenen Tieren sind verdächtig.

Ebenso wie dem Vieh, kann eine Hexe auch Menschen schaden. Das Anhexen von unerklärlichen Krankheiten ist ein Beispiel. Die sogenannte »Wassersucht«, also das Einschwemmen von Gewebswasser in den Körper, wie es bei Gefäßerkrankungen der Fall sein kann, ist nur ein Leiden, das angeblich durch Teufelszauber entstehen soll. Gliederreißen, Rheumatismus und Gicht gehören ebenfalls dazu.

Manchmal schicken die Hexen ihre Geister jenen auf den Leib, die sie nicht leiden mögen. Es unterscheiden sich dabei »stumme Geister« und »Geister«, die sich lautstark gebärden. Letztere beschimpfen dann ihre Umwelt und besonders hinzugeeilte, um Hilfe bemühte Geistliche. Sie toben, schreien, schlagen um sich und fordern beispielsweise, dass die Hexe, die sie den Betreffenden auf den Leib geschickt hat, verbrannt wird oder ähnliches.

Dass diese Krankheiten vielleicht auch ohne einen Zauberspruch gekommen wären, dass Besessene ihre Besessenheit nur vortäuschen oder eine ernsthafte psychische Krankheit die Ursache war, zog man in späteren Prozessen nicht in Betracht. Auch Trunkenheit wurde den Hexen oftmals angelastet.

Um diese Boshaftigkeiten durchzuführen, schütten Hexen ihren Feinden ein Gebräu vor die Haustür. Kröten, Schlangen und Eidechsen sind dabei gebräuchliche Zutaten.

Auch durch Unzucht mit ihren Teufeln entstandene und zur Welt gebrachte Mäuse können die Grundlage dazu bilden. Hexen schicken ihren Feinden auch Ungeziefer wie Läuse, Flöhe und Küchenschaben auf den Leib, nicht selten auch auf das Vieh oder das Haus selbst.

Dieses war nur logische Konsequenz, denn meist zogen die vermeintlichen Hexen umher. Da sie oftmals nicht sesshaft waren, trugen sie das ihnen anhaftende Ungeziefer nicht nur spazieren, sondern auch in die Behausungen derer, bei denen sie um Almosen oder Unterkunft ansuchten.

Hatte man die angebliche Hexe dann noch wissentlich schlecht bewirtet oder ihr zu wenig gegeben und jene murrte oder fluchte, so meinte man beim Auftreten von Läusen und ähnlichem zu wissen, woher es kam.

Ein besonders schlimmer Zauber ist das Anhexen von Unfruchtbarkeit. Wenn sich bei einem jungen Paar kein Kindersegen einstellen wollte, lag das nach der Meinung des Volksglaubens daran, dass die vermeintliche Hexe ihre Hände im Spiel gehabt hatte. Entweder hatte sie ein Geflecht aus drei künstlichen Knoten geschürzt unter einem Ehebett befestigt oder aber Zauber mit einem Vorhängeschloss getrieben.

Solches sollte folgendermaßen geschehen: In die Öffnung des Schlosses hat sie in diesem Falle ein Stück des Hemdes der Braut gesteckt, das Schloss im Augenblick der Einsegnung zugedrückt und es in einen Brunnen geworfen.

Wenn Kinder jedoch geboren werden, ist ein Anzeichen von Zauberei, wenn jene pausenlos schreien.

Neben dem Schadenszauber an Mensch und Vieh können Hexen die Ernten durch Hagelschlag und sonstiges Unwetter beschädigen und vernichten.

Ferner wird den Hexen zugesprochen, plötzlich verschwinden oder sich gar in Tiere verwandeln zu können.

Im Prozess der Trine Zeleke wurde ausgesagt, dass selbige plötzlich vor einem Dornbusch aufgetaucht und kurz darauf wieder verschwunden sei.

Dazu kommen fast alle Tiere in Frage, meist sind sie dann von schwarzer Färbung, wie zum Beispiel Hühner ohne Abzeichen. Oftmals verwandelt sich die Hexe nach mecklenburgischem Glauben in eine schwarze Katze oder einen dreibeinigen Hasen. Auch Kröten und Schlangen, Tiere, die Menschen ohnehin suspekt sind, kommen als Hexentiere in Frage.

Solche Tiere sollten, wenn die Hexe nicht selbst in sie verwandelt war, nicht selten auch der sogenannte »Hausgeist« der Hexe, der in ein Tier verwandelte, ihr zugeordnete Teufel sein, der ihr diente und für sie die Untaten beging. So gibt die bereits erwähnte Catharina Dünnebier in der Folter an, dass ihr Geist »Chimeken« die Gestalt eines schwarzen Hundes gehabt hätte. Das Märchen weiß von der schwarzen Katze, welche die Hexe auf ihrem Buckel trägt.

## *Der Hexensabbat*

Der Hexensabbat ist das Fest der Hexen. Sie versammeln sich auf den sogenannten »Blocksbergen«. Jene sind in Mecklenburg meist Burgwälle, Schlossberge oder andere Anhöhen. Auch an Kreuzwegen und sogar auf Marktplätzen sollen sie in der Nacht ihrer Zusammenkunft ihr Unwesen treiben.

Auf solchen Treffen wird meist Rechenschaft über bereits vollführte Übeltaten gegeben. Es wird orgiastisch gegessen, getrunken (meist aus goldenen Schüsseln oder ausgehöhlten Pferde- oder Kuhhufen) und Unzucht mit dem Teufel und seinen Geistern getrieben.

Ein wichtiger Bestandteil des Hexensabbats ist auch das Tanzen. Meist versuchen die Teufel, die Hexen dabei zu Fall zu bringen. Solches bedeutet, dass die Hexe in nächster Zeit den

Schutz des Satans verliert, also auf den Scheiterhaufen gebracht werden würde.

Den Hexen wird solches angekündigt, indem ihnen gesagt wird, dass sie ihm, dem Teufel, »gleich« werden, also ins Höllenfeuer kommen würden.

Der Hexensabbat findet meist in der Walpurgisnacht statt (1. Mai). Aber auch die Johannisnacht (23/24. Juni), Fastnacht, die Bartholomäusnacht (24. Juli) und die Zeit der Zwölften (zwischen 1. Weihnachtstag und Dreikönigstag, 25. Dezember - 06. Januar) kommen als mögliche Versammlungszeitpunkte in Frage.

Der Aberglaube besagt, dass die Hexen auf Besen, Zaunpfählen (daher der Name Zaunreiterin) oder auf Spinnrädern zum Blocksberg fliegen. Jedoch kommen auch Reittiere wie Pferde, Schafe, Ziegenböcke, Kater und Hähne in Frage.

Eine weitere Darstellung besagt, dass die Teufel oder die den Hexen zugeordneten Geister die Hexen auf ihren Rücken nehmen und mit ihnen zum Blocksberg fliegen.

Durch den Gebrauch von sogenannten »Hexensalben«, Mixturen aus verschiedenen Kräutern, oftmals mit dem Zusatz von Tollkirsche oder Stechapfel, verfielen die Betroffenen in halluzinöse Rauschzustände und beschrieben nach dem Abklingen der Wirkung Flüge zum Blocksberg, meist ohne Fluggerät.

Um erkennen zu können, welche Personen sich zum Hexensabbat auf den Blocksberg begeben, soll der Ort, aus dem die Hexen ausfliegen wollen, mit einer »Arwäg«, einer ererbten Egge, oder einem roten seidenen Faden umzogen werden. Außerdem sollen zwei Eggen, mit denen in entgegengesetzter Richtung die Kreise um die Ortschaft gezogen wurden, gegeneinander aufgerichtet werden.

Nur an der Stelle, wo die beiden Eggen gegeneinanderstehen, sollen die Hexen unten durchfliegen können.

# *Vom Umgang mit Hexen*

Vorsichtig sollte man im Umgang mit den Hexen sein. Man darf ihnen nichts ausleihen, schon gar kein Feuer, kein Sieb, kein Salz und keinen Sand.

Wenn sich eine Hexe Wasser ausleihen will, soll man eine Prise Salz hineintun. Will die Hexe jemanden besuchen, soll derjenige den Daumen einkneifen oder ihr einen guten Tag wünschen, damit sie ihm nichts antun kann.

Wenn sie das Haus verlässt, soll man ihr glühende Kohlen hinterherwerfen. Ihre Fragen soll man nicht dreimal bejahen.

Wenn man einer Hexe begegnet, so andere Ratschläge, so soll man ihr Salz in den Weg streuen, damit sie nicht richtig gehen kann oder am besten umkehren.

Wirksam soll auch das dreimalige Ausspucken oder das Schlagen eines Kreuzes sein.

Ihr Wissen bezieht die Hexe aus einem

»Hexenbuch«, einem schwarzen Buch mit weißen Buchstaben, welches in Spiegelschrift geschrieben ist.

Wenn sie vorgibt, krank zu sein, dann ist dies nichts weiter als Täuschung, sie sitzt dann hinter einem Spiegel und liest dort ihr »Hexenbuch«.

Damit das Vieh nicht missbräuchlich von den Hexen dazu genutzt werden kann, den Flug zum Blocksberg zu vollführen, sollen schwarze Kreuze an die Stalltüren gemalt oder die Türen mit Kreuzdorn bestückt werden. Aus dieser Heilpflanze wurde angeblich die Dornenkrone von Jesus Christus geflochten. Deshalb soll sie auch helfen, Dämonen und Teufelsbrut fernzuhalten. Hexen können diese Pflanze nicht ansehen.

Es wurde auch versucht, die Hexen durch Lärm zu verscheuchen. Seinen Besitz soll man schützen können, indem man Leinsamen um das Haus oder Brotkrümel auf die Türschwelle streute.

Wenn eine Hexe jemandem eine Krankheit angetan hat, so kann diese erst geheilt werden, wenn der Kranke aus ihrer Hand getrunken hat. Wenn der Hexe ihr Verbrechen vorgehalten oder sie gar bedroht oder geschlagen wird, soll das Unheil vergehen. Wenn jemand wegen einer Krankheit weder leben noch sterben kann und unter Qualen dahinsiecht, so soll dagegen helfen, dass die vermeintliche Hexe ein Vaterunser am Bett des Sterbenden spricht. Dann soll er in Ruhe aus der Welt scheiden können.

Stirbt eine Hexe, so ist ihr Tod, dem Volksglauben nach, niemals ein sanfter. Der Teufel quält sie, indem er sich ihre Seele holt. Ihrer Qual kann nur dadurch ein Ende bereitet werden, wenn die dritte Dachlatte ihres strohgedeckten Hauses durchgeschlagen oder ihr eine Schale mit glühenden Kohlen unter das Bett gestellt worden ist.

Sie kann erst dann sterben, wenn sie ein Vaterunser gesprochen und ihre Kunst samt den zugehörigen Zaubermitteln weitergegeben hat.

Wenn eine Hexe begraben wird, sollen ihr Leinsamen hinterhergestreut oder eines ihrer Kleidungsstücke hinterhergeworfen werden. Dies soll gewährleisten, dass sie nicht wiederkommt. Wenn man zu ihrer Beerdigung geht, soll man Leinsamen in der Tasche tragen.

Gegen Hexen ist laut Hexenhammer (dessen Autor Institoris selbst von einem Tiroler Bischof bereits 1485 für verrückt gehalten wurde), das einzig wirksame Mittel die Vernichtung durch das Feuer.

Doch auch dort kann sie noch einmal ihre

Macht zeigen, indem das Feuer einfach nicht brennen will. Dem begegnet man, indem man ihr eine Erbbibel zu Füßen legt, ihr Salz auf den Nacken streut oder ihr mit einem Stock die Kopfbedeckung herabstößt. Erst dann kann der Teufel sie verlassen und das Feuer vernichtet sie.

# *Erkennungszeichen der Schuld*

Basierend auf Aberglauben wurden vielerorts »Hexenproben« durchgeführt, um zu erkennen, ob ein der Hexerei Beschuldigter schuldig oder unschuldig ist. Diese waren stets Bestandteil eines Hexenprozesses.

Wasserprobe, Waageprobe, Tränenprobe und die Suche nach dem Hexenmal sind nur einige von ihnen.

Woran kann man aber die Schuld der Hexen erkennen?

Dem Volksglauben nach können Hexen nicht über kreuzweise ausgelegte Dinge gehen, wie zum Beispiel Besenstiele. Angesichts des Kreuzdorns fangen sie an, zu zittern.

Ein Zeichen für die Schuld einer Hexe ist das sogenannte Teufelsmal. Damit zeichnet der Leibhaftige seine Jünger bei ihrem Übertritt in seine Reihen. Es kann, wie bereits erwähnt, in Form einer Narbe, eines Leberfleckes, Muttermals oder ähnliches auftreten. Wie es auch immer es aussieht, es soll in jedem Fall unempfindlich sein.

Dies wurde nun dazu genutzt, in jede Unregelmäßigkeit auf dem Körper eines Beschuldigten mit einer langen Nadel zu stechen, bis schließlich eine Unempfindlichkeit vorlag. Dabei wurde aber nicht selten auch mit Nadeln gearbeitet, die im Schaft verschwanden, sobald man sie auf der Haut aufsetzte.

Es entstand der Eindruck, die Nadel würde versinken, der Betreffende spürte aber nichts und schien somit in den Augen der Gerichtsherren als schuldig.

Weiterhin soll das Wasser als Element Gottes eine Hexe nicht aufnehmen können. Sie kann also im Wasser nicht untergehen.

Die Wasserprobe versuchte, solches nachzuweisen. Die angebliche Hexe wurde mit kreuzweise auf die Beine gebundenen Händen ins Wasser geworfen. Schwamm die Betreffende auf der Wasseroberfläche, schien der Beweis der Schuld erbracht. Dabei bestanden jedoch recht wohl Möglichkeiten, das Schwimmen künstlich hervorzurufen.

Auch wenn eine Hexe schwerer ist, als eigentlich angenommen, kann dies nur darauf zurückzuführen sein, dass ihr ein böser Geist, der Teufel, innewohnt. Bei der Waageprobe wurde die Hexe dementsprechend nach Gewicht eingeschätzt und auf eine Waage gesetzt.

Anschließend legte man der Schätzung entsprechende Gegengewichte auf die andere Seite, waren diese leichter, war die Schuld fast schon erwiesen. Oftmals kann die Schuld oder Unschuld einer Hexe jedoch erst dann ermittelt werden, nachdem sie verbrannt wurde.

An der Stelle, wo eine Hexe verbrannt worden ist, wachsen drei Nelken hervor. Wird ein Mann unschuldig zum Tode auf dem Scheiterhaufen verurteilt, dann soll ein Hexenbaum wachsen.

Doch auch das plötzliche Wachsen und Erblühen merkwürdiger Blumen soll ein Indiz der Unschuld des Verurteilten, gleich ob Mann oder Frau, sein.

# *Das Stillen und Böten*

»Stillen und Böten« ist das Heilen von Krankheiten durch Besprechen oder – wie es landläufig oft genannt wird – Püstern.

Dieser Vorgang geschieht meist im Namen der Heiligen Dreifaltigkeit (Vater, Sohn, Heiliger Geist) und wird bei Rose, Flechten, Warzen, Kaltem Brand und anderen Leiden angewandt. Auch Suchten und Tierkrankheiten sollen damit geheilt werden. Es gibt verschiedene Sprüche, mit denen solche Heilungen vollzogen werden können.

Die Fähigkeit, diese Heilungen zu vollziehen, wird vom Vater auf die Tochter oder von der Mutter auf den Sohn übertragen. Manchmal wird sie (zum Beispiel beim Fehlen von Kindern) jedoch auch auf Fremde übergeben, von denen der Träger dieser Fähigkeit meint, dass er dies tun kann.

Das »Stillen und Böten« wurde ausschließlich zum Guten, zum Heilen angewandt.

Doch es wurde auch versucht, wahrzusagen, was wiederum strafbar war.

In Parchim wurde eine Frau mit »Staupenschlagen«, also Auspeitschen bestraft, weil sie mit »Stillen und Böten« Umgang gehabt hatte.

Die zur Anwendung gekommenen Sprüche sind überliefert. Im Museum der Stadt Parchim befindet sich das Zauberbuch eines alten Schäfers, das verschiedene Methoden, Krankheiten zu heilen und wahrzusagen, sowie verschiedene Volksbräuche aufzeichnet.

Solche Bräuche sind beispielsweise das Segnen des Brotes mit dem Kreuzzeichen, bevor man es anschneidet, das Verbot des Wäschewaschens in der Zeit der Zwölften (25. Dezember - 06. Januar), weil man damit im kommenden Jahr einen Todesfall zu beklagen hätte, gleiches würde auch der Ruf einer Eule beim Haus ankündigen.

# PARCHIMER HEXENGESCHICHTEN

## *Straff der Zauberey*

*109. Item so jemand den Leuten durch Zauberey Schaden oder Nachteil zufügt, soll man strafen vom Leben zum Tode, und man solle solche Strafe mit dem Feuer tun.*

Aus der »Constitutio criminalis Carolina«, der Peinlichen Halsgerichtsordnung Kaiser Karl V. von 1532

***

In Parchim sind im Zeitraum von 1563 bis 1683 bisher mehr als 20 Prozesse und Anzeigen wegen Hexerei nachgewiesen. Auch hier verliefen die Prozesse größtenteils so, wie es die Peinliche Halsgerichtsordnung Kaiser Karl V. und die darauf basierende Mecklenburgische Polizeiordnung vorschrieben.

Nach zunächst gütlicher Befragung des oder der Angeklagten, Befragungen von Zeugen und Anklägern und Konfrontationen, griff man auch hier zu härteren Mitteln, um ein Geständnis von der Beklagten zu erhalten.

Auch in Parchim waren es größtenteils Frauen, die man wegen Hexerei vor Gericht brachte.

Dem Prozess voraus ging auch vereinzelt eine Hexenprobe, meist wurde dabei die Wasserprobe angewendet. Die »härteren Mittel«, die man gebrauchte, wenn alles »Gütliche« nicht fruchtete, waren oft Territion (Schreckung) und Tortur.

Bei der Territion wurde der Angeklagten mit der Folter gedroht und die Folterinstrumente gezeigt. Es wurde der oder dem Angeklagten erklärt, wie mit ihnen verfahren werden würde, teilweise wurde der Scharfrichter bereits angewiesen, die Foltergeräte zur Probe anzulegen.

Wenn auch dies nichts brachte, wenngleich einige der Delinquenten bereits jetzt gestanden, kamen die Geräte wirklich zur Anwendung. Diese waren in Parchim die Streckbank, Daumen- und Beinschrauben und eine sogenannte Tritze, ein über einen Flaschenzug geworfenes Seil, an dem man die auf dem Rücken zusammengebundenen Hände der Angeklagten hochzog.

Die Folter ging vereinzelt so weit, dass die Arme senkrecht über dem Kopf standen, was die Konsequenz hatte, dass die Schultergelenke auskugelten oder gar brachen.

Daumen- oder Beinschrauben reichten aber oftmals aus, um die Angeklagten zu einem Geständnis zu bringen.

Neben den falschen und todbringenden Aussagen geschah es zuweilen aber auch, dass die Angeklagten andere, meist ungeliebte Menschen bezichtigten, mit ihnen Zauberei getrieben zu haben. Die Folge waren weitere Verfolgungen, weitere Prozesse.

Dieses wusste auch ein mecklenburgischer Geistlicher und sprach sich dementsprechend gegen die Folter aus. Pastor Michael Freude aus Kuppenthin meinte 1671, dass die Folter eine Schändung des Hortes Gottes, den der menschliche Körper darstellte, bedeute.[8]

Doch diese Meinung teilten die Gerichtsherren und die Justizräte nicht. Für sie war die Folter ein bewährtes Mittel zur »Wahrheitsfindung« und dementsprechend wurde sie auch immer wieder angeordnet. Natürlich geschah dies erst, nachdem man sich Rechtsbelehrungen von Universitäten oder Justizkanzleien eingeholt hatte.[9]

Erst 1681 kamen dem damaligen Herzog Gustav Adolph zu Güstrow »Gewissensbedenken«. Seine Hoftheologen bestätigten ihn noch darin und so versuchte er, ein Sondergericht für Malefizprozesse in Güstrow zu errichten. Dieses scheiterte jedoch am Protest der Stände.

1683 wurde allerdings verboten, die Hexen in der Tortur nach dem Flug zum Blockberg zu fragen. Dadurch käme es nur zu falschen Beschuldigungen. Ferner sollten die Hexen dazu angehalten werden, ja nicht auf unschuldige Menschen zu bekennen.[10]

Im Jahre 1688 verbot Herzog Christian Louis I. zu Schwerin, dass dic Hexen verbrannt werden sollten.

Bei einem Aufenthalt am Hof des französischen Königs Ludwig XIV. (der bereits 1672 die Hexenverfolgung in Frankreich verboten hatte) erfuhr er, dass sein Land wegen des Hexenbrennens allzu sehr verschrien sei und dementsprechend ordnete er an, dass man die Hexen anderweitig strafen sollte.

Trotzdem wurden in Mecklenburg bis ins frühe 18. Jahrhundert Hexenprozesse durchgeführt, jedoch endeten diese meist mit Freispruch, es wurde niemand mehr verbrannt.

Die folgenden Geschichten beschreiben einzelne Hexenprozesse in Parchim. Von einigen Fällen war nur recht wenig übriggeblieben, eine vollständige Darstellung war nicht möglich. Außerdem gab es sicher Fälle, die für immer vom Mahlstrom der Zeit verschluckt wurden. Doch auch so gewinnen wir einen Einblick in die damalige Zeit und ihre Sitten, so unsinnig sie uns heute auch erscheinen mögen.

# Die erste Hexe

*Von Zauberev/ Wahrsagern / Zigeunern / frembden Bettlern /gardenden Landsknechen und Müßggängern*

*Als kommen auch Klagen für / das in unseren Fürstenthumben /sich große Ärgernüssen und Mißbräuche göttlichen Worts / durch Zaubern / Beschweren und teufelisch Wahrsagen / zutrage dadurch unsere Unterthanen zu Abgötterey, Aberglauben und Schaden geführt werden.*
*Demnach ordnen und wollen wir / so jemand / wes Standes der wäre / sich des Wahrsagens / oder anderer Zauberei / befleissen / und dadurch den Leuten Schaden und Unglück zufügen würde / dass derselbige mit dem Feuer gestrafet werden soll.*

Aus der Mecklenburgischen Polizeiordnung von 1562

***

Die Mecklenburgische Polizeiordnung war gerade ein Jahr alt, als in Parchim der Prozess gegen eine alte Witwe namens Anna Könke eröffnet wurde. Im Frühjahr des Jahres 1563 musste sie in den Verdacht der Zauberei geraten sein. Sie wurde von Gericht und Rat der Stadt Parchim in Haft genommen und in den Fangelturm an der Elde, das damalige Stadtgefängnis gebracht. Man unterwarf sie gemäß der erschienenen Mecklenburgischen Polizeiordnung den üblichen Abläufen des sogenannten »Malefiz«-Prozesses.

Anzunehmen ist sogar, dass man sie zuvor der Wasserprobe unterzog, ein damals als bewährt angesehenes Mittel, um herauszufinden, ob eine Beschuldigte eine Hexe sei. Zunächst wurde sie gütlich befragt, doch dieses brachte nichts. Die Gerichtsherren bekamen kein Geständnis der vermeintlichen »Schuld« von Anna Könke.

Die Gerichtsherren beschlossen nun, wahrscheinlich nach zuvor eingeholter Rechtsbelehrung von der juristischen Fakultät der Universität Rostock, die in solchen Fällen angerufen wurde, die Tortur zur Anwendung kommen zu lassen. Doch die Folter, wahrscheinlich auch schon damals mit Daumen- und Beinschrauben und vor allem mit der Tritze, führte ebenso zu keinem Ergebnis. Sie gestand nicht, mochte der Scharfrichter es anstellen, wie er wollte.

Anna Könke war alt, krank und obendrein nicht mehr die stärkste. Die Qualen unter den Händen des Henkers setzen ihr dermaßen zu, dass sie bereits bei dem anschließenden Verhör ihre Stimme verloren hatte. Die Ratsherren fanden sie so, gestehen konnte sie nun nichts.

Es dauerte auch nicht mehr lange, bis sie daraufhin an den Folgen der Tortur starb. Es schien, als würde die Akte Könke geschlossen werden können. Der Leichnam der Anna Könke hätte nun ohne Zeremoniell, wie ein Verbrecher in ungeweihter Erde, begraben werden sollen.

Doch dies geschah nicht. Die alte Frau hatte nicht gestanden, auch war sie als Hexe nicht verurteilt worden und so konnten Gericht und der Rat zu Parchim den Leichnam der armen Frau nicht einfach ohne christliche Zeremonie in die Erde bringen. Außerdem befürchteten die hohen Herren eine Beschwerde der Angehörigen hinsichtlich der viel zu harten und sicher nicht nach der körperlichen Kondition einer alten Frau ausgerichteten Tortur.

Es gab bereits damals Fälle von Klagen Angehöriger jener angeblichen Hexen und Zauberer, die in der Tortur verstorben waren.

Diese Angehörigen lasteten den jeweiligen Gerichtsherren Verleumdung und Totschlag an; ein vom Herzog nicht gern gesehener Vorwurf. In den meisten Fällen schaffte man es, den Richtern Verfahrensfehler und unnötige Grausamkeit nachzuweisen und Rehabilitation und Schadensersatz einzuklagen.

Dieses nützte den Beschuldigten leider gar nichts mehr, doch die Angehörigen erreichten zumindest eine nachträgliche Rehabilitierung der betreffenden Person und vor allem des eigenen Rufes.

Und so war es auch bei Anna Könke: Die Angehörigen einigten sich mit dem Rat, dass der Leichnam der alten Frau mit christlichen Zeremonien beerdigt und ihr auch fernerhin kein böser Ruf mehr nachgesagt wurde.

Im Gegenzug verpflichteten sich die Angehörigen Anna Könkes, keine Beschwerde gegen Bürgermeister und Rat wegen des Geschehenen einzureichen. Am 21. Mai 1563 schworen sie die Urfehde, das Versprechen, sich nicht zu rächen.

# Bürgermeisters Frau

Es war der 13. November 1568, als zwei Bauern aus dem Parchimer Kämmereidorf Rom eine Bittschrift an Herzog Johann Albrecht richteten. Zum wiederholten Male war ihnen aus unerklärlichen Ursachen Vieh umgekommen und nun wussten sich die beiden keinen anderen Rat mehr, als dass dahinter Teufelswerk steckte.

Achim Plauermann und Achim Jacob, so die Namen der beiden, waren sich einig. Solches konnte nur die Frau des Dorfschulzen getan haben. So suchten sie denn einen Schreiber auf und diktierten ihm ihr Anliegen an den »durchlauchtigsten, hochgeborenen Fürsten und Herren«.

Sie, die »armen Unterthanen« schickten zunächst ihre stets untertänigsten Dienste zuvor und fernerhin könnten sie es E. f. G. (= Euer fürstliche Gnaden) nicht hinterhalten, welch großer »menschlicher« Schade ihnen widerfahren sei. Sie berichteten, »das unser Ochsen und Pferde gesunden Leibes umbracht worden, welches wir niemand zumessen, dan unser Schulteschen, die thut uns solchen Schaden und sonst niemand.«

Es hätte der Schulze sein Vieh im Garten des Chim Plauermann hüten lassen und ihm dabei großen Schaden zugefügt. Daraufhin hätte der Geschädigte eine Rute genommen und des Schulzen Frau damit gehauen, so dass sie »ist weinend heim gelopen und der Mutter geklagt.« Kurz darauf sei ihm ein Ochse umgebracht worden. Bei Chim Jacob lag der Fall ähnlich, die Frau des Schulzen hätte von ihm Dachsteine haben wollen, doch weil er diese für seine eigene Stube gebraucht hätte, hatte er sich geweigert.

Daraufhin seien zu nächtlicher Zeit seine Pferde und das andere Vieh, »so gesund« gewesen, zuschanden gekommen«. Als er daraufhin die Haustür aufgemacht hätte, hätte er jemanden aus dem Stall schleichen gesehen und daraufhin wären seine Ochsen und Pferde umgekommen.

Und um zu bekräftigen, dass die Frau schon seit Langem für eine Hexe gehalten wurde, erwähnte man in dem Schreiben auch noch, dass der Nachbar von Achim Plauermann und Achim Jacob die Frau des Schulzen einmal verdächtigt hätte, ihm Brauwerk verdorben zu haben.

Sie forderten, die Frau »gefänglich einzuziehen«, sie selbst würden »Leib und Leben, Gut und Blut« dafür einsetzen wollen. Des Weiteren wären sie der Zuversicht »E. f. G.« (Anm. »Eure fürstliche Gnaden«) würde gegen solche »gottlose und deuvelische Dinge« vorgehen. Es könnte zwar vom Schulzen zu Rom ehrlich vorgebracht werden, dass seine Frau unschuldig sei und sie hätte auch unter dem Schein der Unschuld freies Geleit erlangt, doch, so die beiden Männer, »es ist wahrlich alles nur ein Schein und Betrug, darumb wir arme Leut nochmals E. f. G. umb die Gerechtigkeit Willen demütig und unterthenig anrufen«.

Achim Plauermann und Achim Jacob forderten, dass der Herzog dem Bürgermeister und Rat zu Parchim den Befehl erteilen möge, die Frau einzuziehen, damit der Zauber gebrochen würde. Wenig später gab Herzog Johann Albrecht tatsächlich den Befehl, die Frau gefangen zu nehmen, jedoch nur zur Untersuchung und nicht zu »schwerer gefehrlicher Peinigung«.

Jedoch sollten auch die beiden Ankläger

mit ihrem Leibe verwahrt werden, bis der Umstand geklärt und die Zauberei der Frau bewiesen ist.

Sollten die Ankläger dies nicht zur Genüge tun können, so sollten sie sich verantworten, indem sie die Kosten des Verfahrens tragen und die Schande und Schmach, die der Frau zwangsläufig durch die Untersuchung entstehen würde, abtragen müssen. Dieses sollte geschehen, wie es die Peinliche Halsgerichtsordnung Kaiser Karl V. von 1532 (die sogenannte »Carolina«) vorschrieb.

Bürgermeister und Rat wurden außerdem angewiesen, die Akten der Untersuchung an eine »unverdächtige« Universität einzusenden, besser noch an die Juristenfakultät zu Rostock. Jene war erprobt in der Rechtsprechung gegen die Hexerei, denn die Stadt Rostock und auch andere mecklenburgische Städte erlebten im 16. Jahrhundert eine Blütezeit der Hexenverfolgung.

»Damit also Gericht und Gerechtigkeit menniglichen in unseren Landen mitgetheilet werde, in derer Geschieht über die Pilligkeit unser gnediger Will und Meynung.«

So endet das am 14. November 1568 verfasste Schreiben des Herzogs.

Leider ist nicht bekannt, wie die Sache gegen die Frau des Römer Dorfschulzen ausgegangen ist. Die Zeit hat dafür gesorgt, dass der weitere Verlauf im Dunkel der Geschichte versunken ist.

# Stumme Geister und Alkohol

*Die nachfolgende Geschichte gibt einen kleinen Einblick in das mehr oder weniger gute Zusammenleben der Parchimer Einwohner zum Ende des 16. Jahrhunderts. Die Leute stritten und zechten miteinander. Wenn man sich mit jemandem nicht grün war, schien dies damals kein Grund gewesen zu sein, nicht miteinander das Brauwerk zu leeren. War man jedoch im Vollrausch und meinte man, dass dieses eine von einer Hexe verursachte Krankheit sein könnte, kam dann zu allem Überfluss die alte Feindschaft wieder auf, konnte daraus leicht ein Hexenprozess entstehen, wie die folgende Geschichte berichtet.*

***

Im Jahre 1573 wurde eine Frau namens Margreta Arndts vor Gericht gestellt. Jene wohnte in der Mühlenstraße gegenüber dem Kirchhof der St. Marien- Kirche.

Margreta Arndts war eigentlich eine unbescholtene Bürgerfrau, doch auch unbescholtene Leute haben zuweilen Feinde.

Einer von ihnen war ihr Nachbar Jochim Duncker. Hin und wieder waren sie sich nicht grün, stritten, jedoch zechten sie trotz allem gegenseitigen Ärger miteinander.

Jochim Duncker hatte einen Bekannten, der hieß Paul Block. Dieser wurde schon seit langem von einer merkwürdigen Krankheit geplagt. Sie trat hauptsächlich dann auf, wenn er seinem Brauwerk zu sehr zugesprochen hatte, doch sein Brauwerk, nein, sein Brauwerk war doch nicht schlecht und so rechnete er es auch nicht diesem an. Es musste vielmehr an irgendjemandem liegen, der die Zauberei betreibt. Selbst der Pastor zu St. Marien, Pastor Heinrich Schliemann, der in medizinischen Dingen etwas bewandert war, konnte sich das Leiden des Paul Block nicht erklären. Zeigte das nicht, dass diese Krankheit etwas Widernatürliches war?

Hilleke Weigers, ein altes Weib, war damals schon lange in mannigfachen Verdacht geraten, es mit der Zauberei zu halten. Was lag näher, als es dieser zuzuschreiben?

Für Paul Block und seinen Bekannten Jochim Duncker stand fest: Es konnte nur die alte Hilleke Weigers gewesen sein, die ihm diese Krankheit antat.

Hilleke Weigers wurde bald schon von Bürgermeister, Gericht und Rat eingezogen und in den Fangelturm gebracht. Ein Hexenprozess begann. Und wie üblich, kam auch bald schon die Tortur zur Anwendung. Anwesend waren unter anderem, neben Bürgermeister, Stadtvogt und Rat auch zivile Zeugen. Und selbst jene hätten es sich sicher nicht träumen lassen, bald deswegen aussagen zu müssen.

Die Folter war für die alte Hilleke Weigers zuviel. Sie gestand alles, wonach man sie fragte. Und sie hatte auch Margreta Arndts, eine alte, mehr oder weniger gute Bekannte, beschuldigt, an der Krankheit von Paul Block ebenso schuldig zu sein, wie sie. Das Geständnis bedeutete für Hilleke Weigers den Tod im Feuer auf dem Scheiterhaufen, für Margreta Arndts, dass sie ebenfalls eingezogen und gegen sie eine Untersuchung angestellt wurde.

Am 2. Dezember 1573 trat das Parchimer Stadtgericht unter Bürgermeister und Rat zusammen. Insgesamt wurden 11 Zeugen geladen, in deren Hand es lag, durch ihre Aussagen über das weitere Schicksal der Margreta

Arndts zu bestimmen. Es hieß nun Freispruch oder Tod im Feuer auf dem Parchimer Galgenberg, wie es Hilleke Weigers ereilt hatte. Ein jeder der Befragten hatte auf verschiedene Fragepunkte zu antworten. Einige Fragepunkte lauteten sinngemäß folgendermaßen:

*Ob Hilleke Weigers in der Tortur ausgesagt hätte, dass Margreta Arndts eine Zauberin und ebenso wie sie an der Krankheit des Paul Block schuldig sei.*

*Ob Paul Block von Pastor Klokow erfahren habe, dass Hilleke Weigers solches ausgesagt hätte.*

*Ob Hilleke Weigers ausgesagt hätte, dass Margreta Arndts ihr einen »stummen Geist« angehext hatte, welcher sie 6 Wochen lang gepeinigt hätte.*

*Ob Margreta Arndts neben ihrem Mann auf dem Kirchhof (zu St. Marien) gestanden und zu Paul Block ausgerufen hätte: »Es sollte Paul Block, dem Schelm, noch viel bang werden.«*

*Ob Hilleke Weigers in ihrem peinlichen Bekenntnis gesagt hätte: Das Weib, das in der*

*Mühlenstraße bei dem Neustädter Kirchhof in der Bleibude wohnt, wäre eine Zauberin (Margreta Arndt war damit gemeint).*

*Ob Margreta Arndts mit Hilleke Weigers Umgang und Gemeinschaft gehabt hatte und ob die beiden zu fast allen Hochzeiten zugegen gewesen wären. Ob Margreta Arndts vor vielen Jahren eine berüchtigte Person gewesen und viel der Zauberei bezichtigt worden sei.*

*Ob Margreta Arndts den Ratsherren Hans Mauer, der bei der Folter der Hilleke Weigers anwesend war, gefragt hätte, ob die Hilleke auf sie bekannt hätte. Paul Block hätte »zu Geschrei« gebracht, dass sie ihn »bezaubert« haben soll.*

*Ob Hans Mauer geantwortet hätte, nicht Paul Block hätte dies gesagt, sondern Hilleke Weigers und ob jene auch gesagt hätte, dass sie, Margreta Arndts, ihr auf der Hochzeit der Tochter des Hans Bauer wegen des Wasserholens einen Geist auf den Leib geschickt hätte.*

Als erster Zeuge trat Peter Klokow, »Pastor zu Parchim auf der alten Stadt«, also St. Georgen, vor Bürgermeister und Rat und wurde ermahnt, das achte Gebot einzuhalten (»Du sollst nicht falsch Zeugnis ablegen wider deinen Nächsten«).

Er antwortete zunächst, dass er nicht bei dem Verhör gewesen sei, ferner hätte er mit der Hilleke Weigers wegen dem Paul Block gesprochen, doch dieses hätte er vergessen.

Er wusste nichts anderes, als dass Hilleke Weigers gesagt hätte, sie sei ebenso schuld an der Krankheit Paul Blocks, wie Margreta Arndts.

Ob Margreta Arndts der Hilleke Weigers einen Geist angehext oder dem Paul Block gedroht hätte, wusste er nicht. Von der Gemeinschaft der Hilleke Weigers mit der Margreta Arndts hatte er wohl gehört; was die Bezichtigungen der Hexerei wegen anging, wusste Peter Klokow, dass Paul Block und Jochim Duncker sich des Öfteren mit Margreta Arndts in den Haaren gehabt hatten. Paul Block und Jochim Duncker wären öfter zu ihm gekommen und hätten über die Plage in ihren Knochen geklagt. Dies war aber auch schon alles, mehr wusste der Geistliche nicht und konnte abtreten.

Wie alle nachfolgenden Zeugen verließ er den Gerichtsraum mit der Ermahnung zum Stillschweigen.

Der zweite Zeuge war Heinrich Schliemann, der Pastor »auf der Neuenstadt« (St. Marien).

Er sagte aus, dass er die Ratsverwandten Hans Voss, Christopher Schwarz und Hans Mauer dazu angehalten hätte, ihm zu berichten, was die Hilleke Weigers in der Folter aussagt und jene hätten ihm berichtet, dass sie Margreta Arndts beschuldigt hätte, zaubern zu können.

Von den Geschäften seines Kollegen Klokow wusste er nichts, auch wusste er nicht, ob Hilleke Weigers von Margreta Arndts verhext worden sei.

Jedoch wusste er, dass Margreta Arndts neben ihrem Mann auf dem Kirchhof zu St. Marien erschienen wäre und ihn gefragt hätte, warum er dem Paul Block das Sakrament geben wolle, wo er ihr doch solch Böses zugemessen hätte. Und sie hätte noch hinzugefügt, dass der Schelm Paul Block es wert wäre, dass es ihm noch viel schlechter ginge, als ohnehin schon. Solches hätte der Kaplan zu St. Georgen, Nicolaus Schefler mit angehört.

Vom Umgang der Hilleke Weigers mit Margreta Arndts hätte er nur gehört. Doch auch er wusste, dass Joachim Duncker und Margreta Arndts sich nicht grün gewesen sind. Vor fünf Jahren hätte er behauptet, dass sie ihm einen bösen Trunk eingegeben hätte und solange er, Heinrich Schliemann, hier Pastor wäre, hätte er zwischen Jochim Duncker und Margreta Arndts schlichten müssen.

Ferner hätte er in seinen 13 Jahren, die er schon Pastor war, viele kranke Leute gesehen, auch hätte er ein wenig Medizin studiert und so meinte er, sagen zu können, dass die Krankheit des Paul Block keine natürliche sei. Sie könne ihm durchaus von einem Geist zugefügt worden sein. Dass es eher ein geistreiches Getränk gewesen sein könnte, kommt erst später zur Sprache. Hiermit erschöpfte sich das Wissen des Herrn Pastors schon und auch er durfte gehen.

Ratsherr Hans Mauer war am damaligen Tage einmal nicht unter den Richtenden, sondern als Zeuge vor seinen Kollegen erschienen. Es mochte ihm vielleicht ungewohnt gewesen sein, die Ermahnung, die Wahrheit zu sagen, über sich ergehen zu lassen. Hans Mauer sagte aus, dass er bei der Folter der Hilleke Weigers zugegen gewesen sei, wo jene ausgesagt hätte, Margreta Arndts und sie wären zu Hannes Bauers Hochzeit gewesen, wo die Arndtsche Schüsseln gewaschen und die Weigersche Bier gezapft hätte.

Dabei hätten sie sich gestritten und daraufhin hätte Margreta Arndts ihr einen »stummen Geist« auf den Leib »geflucht«, weshalb sie sofort stumm geworden wäre.

Doch Hans Mauer war nicht allezeit bei der Tortur gewesen und so wusste er auch nicht, ob Hilleke Weigers gesagt hatte, dass Margreta Arndts eine Zauberin sei.

Jedoch wusste er, dass Jochim Duncker Margreta Arndts vor Gericht verklagt hatte.

Duncker hätte damals Geld gesammelt (für welchen Zweck war nicht ersichtlich) und Margreta Arndts hatte nicht so viel, wie die anderen gegeben.

Als Jochim Duncker etwas dagegen gesagt hätte, habe Margreta Arndts ihn verflucht und in der folgenden Nacht wäre er »an seinem Leib und Leben merklich gemartert und geplagt worden«.

Dass auch Paul Block krank gewesen sei, hätte er gehört, doch wovon er dieses Leiden hätte, wusste er nicht.

Dass Margreta Arndts mit ihm gesprochen habe, bestreitet er nicht und wird daraufhin entlassen.

Der folgende Zeuge saß eigentlich hinter der Gerichtsbank, als er davor stand. Es war Joachim Kludt, fürstlicher Stadtvogt zu Parchim.

Er, der es am besten wusste, hatte er doch die Tortur durchführen lassen, sagte aus, dass Hilleke Weigers unter der Folter gesagt hätte, dass Margreta Arndts (»die den Sager auf der Neuenstadt hat«) ihr auf der Hochzeit des Hans Bauer einen »stummen Teufel« auf den Leib gewünscht hatte.

Auch wusste der Stadtvogt Kludt davon, dass Hilleke Weigers und Margreta Arndts bei der besagten Hochzeit gewesen seien und dass letztere sich mit den Herren Duncker und Block nicht grün gewesen ist. Doch ob sie berüchtigt gewesen wäre, wusste der Stadtvogt nicht.

Dass Paul Block krank gewesen sei, wusste er jedoch, denn selbiger hätte ihn oftmals zu sich gefordert und Rat von ihm (!) erbeten.

Welche Stellung Zeuge fünf, mit Namen Hans Wolff, gehabt hatte, wurde in den Akten nicht niedergeschrieben. Doch auch er war (vielleicht als ziviler Zeuge) bei der Tortur der Hilleke Weigers dabei gewesen und wusste selbiges wie schon der Stadtvogt und Hans Mauer zu berichten. Auch wusste er, dass die beiden Frauen bei Hochzeiten zusammen geholfen hätten und ebenso wusste er von der Krankheit Paul Blocks. Matthäus Hartwich, Zeuge sechs, sagt zu Artikel eins das gleiche, wie seine drei

Vorgänger; die Sachen mit der Hochzeit, den Irrungen zwischen Duncker, Block und Arndts sind auch ihm bekannt. Nichts Neues also.

Der Notar Hermann Bauhart war zwar nicht bei der Folter zugegen gewesen, doch hätte er gehört, wie der Stadtvogt in der »Bottelei« (Bezeichnung für die Fronerei, das Haus des Scharfrichters) der Hilleke Weigers vorgehalten habe, was sie mit Margreta Arndts zu tun gehabt hätte. Dabei wäre die Sache mit dem »stummen Geist« ebenfalls zur Sprache gekommen. Dass Duncker und Block die Margreta Arndts eine Zauberin genannt haben, wusste auch er, doch ob dem so sei, wusste er natürlich nicht.

Von der Krankheit Paul Blocks wusste er ebenfalls (wie anscheinend die gesamte Stadt), doch woher solches käme, stellte er »unserem Herrn Gott frei«. Peter Bolte, ebenso kein Ratsherr und Zeuge Nummer acht vervollständigte die Aussagen seiner Vorgänger noch; Hilleke Weigers hätte Margreta Arndts eine Zauberin genannt, und zwar hätte sie solches aus ihrem Kristall gesehen. Im Übrigen fielen die Antworten ähnlich aus und es hat den Anschein, dass die gesamte Stadt Parchim nicht nur gewusst hatte, dass die Damen Weigers und Arndts bei Hochzeiten bedienten, sondern auch, dass

Margreta Arndts sich mit den Herren Duncker und Block nicht einig war. Das daraus resultierende Klagen über Krankheiten seitens der beiden Männer war nur logische Folge.

Zeuge Nummer zehn war der Ratsherr Christopher Schwarz. Dieser war, aufgrund seiner Anwesenheit beim Landtag in Schwerin, bei der Tortur Hilleke Weigers nicht zugegen gewesen, konnte dementsprechend auch nichts davon berichten (doch selbst wenn er anwesend gewesen wäre, wäre seine Antwort ebenso, wie bei seinen Vorrednern ausgefallen). Und auch sonst wusste er nicht viel zu berichten, jedenfalls nicht viel Neues.

Jochim Schröder war dahingegen bei der Folter anwesend gewesen und er berichtete, dass Hilleke Weigers auf Margreta Arndt einen Zorn gehabt hatte, weil sie sich auf einer Hochzeit (die, wie bereits erwähnt, die Hochzeit der Tochter des Hans Bauer gewesen ist) erzürnt hatten und kurz darauf wäre erstere »eilig« krank geworden. Ob Hilleke Weigers erst in der Tortur darauf gekommen war, solches Margreta Arndts anzulasten, weiß niemand, doch es liegt nahe. Zu den anderen Fragen wusste auch er nicht sehr viel, jedoch wusste er von den Beschuldigungen Blocks und Dunckers. Abschließend wurde Hans Bauer befragt, derjenige, der von den Vorgängen auf der Hochzeit seiner Tochter am besten Bescheid wissen musste. Er bestätigt, dass Hilleke Weigers Bier gezapft und Margreta Arndts Schüsseln gewaschen hatten. Die beiden wären, seiner Aussage nach, des Mittwochs den ganzen Tag beisammen gewesen und hätten auch viel gesoffen. Hilleke sei dabei so betrunken gewesen, dass sie nicht mehr hätte gehen können. Margreta Arndts, wahrscheinlich noch mehr Herrin ihres Gleichgewichts, als ihre Bekannte, hätte die Hilleke nach Hause geschafft. Wo sie ferner geblieben ist, wusste er nicht.

Doch nun wird langsam klar, was der sogenannte »stumme Geist« und auch die nachfolgende Krankheit gewesen ist. Der Alkohol saß in der Hilleke Weigers vielleicht so tief, dass sie tagelang unter dem »Kater« gelitten haben mochte, die plötzliche Unfähigkeit, zu sprechen, wird sicher nicht so plötzlich gekommen sein, wie dargestellt.

Somit war die Zeugenbefragung geschlossen. Doch anscheinend zogen die Gerichtsherren keinen Zusammenhang zwischen dem Alkohol und den stummen Geistern. So auch scheinbar nicht in der anschließend durchgeführten Befragung der beiden Ankläger. Jochim

Duncker und sein Kumpan Paul Block wurden vor Gericht gefordert und der Gerichtsschreiber notierte den »nachfolgenden Bericht«.

Er schrieb, »dass es nunmehr vierzehn Jahr ungefähr wären, dass er mit Margreta Arndts in Irrigkeit geraten.« Immer dann, wenn er sich mit ihr gezankt habe, hätte er »gleiche Beschwerden und Krankheit wie itzo gehabt. Es wäre ihm aber von guten Leuten geraten, sie ein wenig zu verschonen.« Und siehe da, wie er sie nicht mehr »bezichtigt und besprochen« habe, hätte er ein wenig Ruhe vor seinen Beschwerden gehabt. Doch kurze Zeit später wäre er wieder mit ihr in »Uneinigkeit« geraten und die Krankheit sei zurückgekehrt.

Dazu kam noch ein Streit, entfacht durch die Auflehnung Margreta Arndts und ihrer Nachbarin gegen Jochim Duncker und den Kavelmeister, das Schlagen von Holz betreffend.

Dabei hätte Margreta Arndts dem Jochim Duncker »geflucht« und daraufhin sei dieser mit »eiligen, unnatürlichen« Beschwerden und »harter Krankheit« beladen worden. Kurz darauf sei Margreta Arndts in die Behausung Jochim Dunckers gekommen, sie hätte »sich weit umher gesehen« und als sie ihn auf dem Bett liegend neben dem Feuer fand, hätte sie ihn höhnisch gefragt, ob er nicht aufstehen wolle. Sie sei dann wieder fortgegangen und kurze Zeit später soll sich die Krankheit gebessert haben. Doch später sei Margreta Arndts wiedergekommen, um ihm »etliche Ellen Gewand, so sie von ihm geborgt«, zu bezahlen. Auch zu diesem Zeitpunkt will Jochim Duncker vor dem Feuer gesessen und Besserung seines Leidens verspürt haben. Und so tief kann die Feindschaft zwischen den beiden nun doch nicht gewesen sein, denn nach eigenen Angaben hätte Jochim Duncker zu diesem Zeitpunkt der Margreta Arndts etwas zu Trinken angeboten. Die beiden zechten eine ganze Weile lang.

Und weil ihnen das Bier so gut geschmeckt hatte, tranken sie etliche »Pötte« aus. Als es genug schien, machte sich Margreta Arndts wieder auf den Heimweg. Kurz nachdem sie die Schwelle des Jochim Duncker Richtung Zuhause überschritten hatte, so sagt es Jochim Duncker in der Befragung aus, hätte er dermaßen Beschwerden und Krankheit an Händen, Beinen und anderen Gliedmaßen (!) bekommen, dass ihn vier Leute zu Bett tragen mussten. Dass die dem schweren Bier nachfolgende Trunkenheit und kein Hexenzauber die »Krankheit« verursacht hatte, mag ihm vielleicht in den nächsten, friedlichen Tagen zwischen ihm und Margreta Arndts klar gewesen sein, doch jetzt, da selbige Person von einer angeblichen, bereits verbrannten Kumpanin als Mithexe verschrien war, lag die Sache freilich anders. Für Jochim Duncker schien die Zeit gekommen zu sein, die lästige Frau loswerden zu können.

Anzeichen persönlicher Bereicherung findet man in den Resten des Protokolls nicht, doch es war eigentlich üblich, dass die Habe der verurteilten Hexe unter den Richtern, dem Henker und den Anklägern aufgeteilt wurde. Solches kann man vielleicht auch in diesem Fall vermuten, belegt ist es nicht. Doch andere Dinge sind belegt.

Zum Beispiel, dass es mit den angeblich angehexten Krankheiten, die ihren Ursprung in maßlosem Konsum von Alkohol hatten, noch Fortsetzungen gab. Doch auch von anderen Dingen wusste Ankläger Paul Block zu berichten. So zum Beispiel von dem Umstand, dass die Margreta Arndts demjenigen, »der gemacht, dass sie das feile Geld geben muss«, den Teufel auf den Leib geschickt hätte. Dieser war kein geringerer als Paul Block, der Geld gesammelt hatte, als Kontribution für den Herzog Friedrich von Braunschweig. Margreta Arndts hatte sich zunächst gesträubt, etwas zu geben, doch zähneknirschend hatte sie es doch tun müssen und so blieb ihr nichts anderes übrig, als sich, beim Kirchhof stehend, lautstark zu äußern, was oder besser gesagt, wen sie dem Schuldigen auf den Hals wünschte. Keinen geringeren, als den Teufel nämlich.

Auch zu anderer Gelegenheit soll Margreta Arndts ihre angeblichen Zauberkünste zur Anwendung gebracht haben. Als der Bruder Jochim Dunckers, Simon mit Namen, seine Hochzeit gehalten hatte, sei die nunmehr verbrannte Hilleke Weigers zum Ausschenken dabei gewesen und dabei hätte sie zu ihm gesagt: »O, Jochim, lieber Sohn, wie übel tun sie doch bei dir. Wie geht es dir?« Und Jochim Duncker hatte geantwortet, »wie Gott es will«. Und daraufhin hätte sie gefordert, dass Margreta Arndts verhaftet werden sollte. In ihr hätte er die rechte Person gefunden, die ihm Schaden tut.

Daraufhin waren Jochim Duncker und die Ehefrau des Paul Block vor Gericht und daraufhin sei er von dieser »unnatürlichen Krankheit« befallen worden, die ihn bis auf den damaligen Tag noch nicht losgelassen hätte. Der »leidig Teufel« käme zu ihm mit Hitze, Frost und anderen Unnatürlichkeiten. Einesteils schien es ihm so, dass seine Füße vor Kälte abfrieren, zum anderen, dass ihm das Haupt gleichzeitig vor Hitze verbrennen will.

Ein »fliehender Geist« würde ihn ankommen und quälen, so dass er weder Tag noch Nacht Ruhe davor hätte. Es war die Zeit, in der die Wissenschaft erst begann, sich zu entfalten. Nirgendwo galt dieses so deutlich, wie bei der Medizin, welche die Ursachen von Krankheiten von einem Ungleichgewicht der Körpersäfte ableitete. Oder aber von einem teuflischen Zauber wie in diesem Fall. Es war selten, dass Ärzte andere Ursachen vermuteten, wenn angegeben wurde, eine Hexe oder ein Hexenmeister hätte die Krankheit dem Betreffenden auf den Leib gewiesen. Zurück zu unserem Fall.

Jochim Duncker gab nun an, dass er »Leib, Leben, Gut und Blut« oder eine andere Kaution einsetzen würde, damit Gericht und Rat endlich gegen die Beklagte vorgingen. Solchen »Jammer und Elende« solle auch nicht dem Herzog in Schwerin, damals Johann Ulrich zu Mecklenburg, hinterhalten werden.

Margreta Arndts war während der gesamten Befragung zugegen, wie der protokollführende Sekretär angab. Ihr sei alles »ins Angesicht« und in Gegenwart der Gerichtsherren gesagt worden. Sie nahm die Worte auch nicht sprachlos hin, sondern redete dagegen. Lediglich gab sie zu, mit Paul Block getrunken zu haben. Alles andere empfahl sie »Gott im hohen Himmel«, damit dieser die Lügen erkenne. Keinen geringeren als ihn ruft sie auch als ihren Zeugen an, so wahr sie gedachte, ein Kind des ewigen Lebens zu werden. Man stellte nun dem Herzog das Urteil frei, indem man die gewonnenen Aussagen nach Schwerin verschickt hatte. Wie der Herzog reagierte, ist nicht mehr ersichtlich. Der Rest der Akten ist bisher nicht gefunden worden.

# Die Folter der Dünnebierschen

Am Morgen des 25. Juni 1608 traf der Scharfrichter wieder einmal Vorbereitungen für die Tortur einer Hexe. Angeklagt war die Frau des am Marstall in der Parchimer Altstadt wohnhaften Caspar Dalemann, Catharina, Dünnebier mit Mädchennamen. Der Prozess währte schon eine geraume Zeit und auf die übliche Rechtsbelehrung, die man von der Juristischen Fakultät der Universität Rostock eingeholt hatte, stand nun die »gelinde Tortur«, wie der Schreiber sich ausdrückte, an. Selbige sollte wahrscheinlich mit Daumen- und Beinschrauben durchgeführt werden. Catharina Dalemann hatte bisher nicht daran gedacht, zu gestehen, auch die Androhung der Folter hatte sie scheinbar nicht von ihrem Starrsinn, von den Gerichtsherren meist »Halsstarrigkeit« genannt, abweichen lassen. Nun sollte sie sehen, was sie davon hatte.

Am Abend dieses 25. Juni fanden sich die Herren des Gerichtes ein. Allen voran ging der fürstliche Stadtvogt Berthold Hausstedten, der später wegen seines schlechten Lebenswandels aus dem Amt entlassen werden würde, ferner Jochim Briesenhauer, der sogenannte »Mitverordnete«, ein Beisitzer des Gerichts, der meist dem Parchimschen Rat entstammte, sowie

Hans Schwagers und Hans Witte, die als Zeugen hierzu gefordert worden waren.

Catharina Dalemann, vormals Dünnebier, wie sie auch im Protokoll genannt wurde, wurden vom Scharfrichter die Folterinstrumente angelegt und auf ein Zeichen durch den Stadtvogt begann man mit der Tortur. Und dies blieb trotz aller angeblicher »Gelindheit« nicht ohne Ergebnis. Es ist nicht ersichtlich, wie lange die Tortur währte, doch die Angeklagte legte ein Geständnis ab.

Das Protokoll jenes Abends ist bisher das einzige, was von ihrem Prozess gefunden worden ist. Dort wird Folgendes berichtet: (Die alte Schreibweise wurde dabei teilweise außer Acht gelassen.)

Anfänglich hätte sie bekannt, dass ihre Mutter, die Dünnebiersche zu Rom auf ihrem eigenen Hofe, unter einem Nußbaum, der jetzt schon abgehauen sei, ihr die Zauberkunst beigebracht hätte, als sie noch eine Magd gewesen sei. Ihr wäre daraufhin von ihrer Mutter ein Geist oder Buhle zugebracht worden, der Chimeken geheißen und wie ein schwarzer Hund ausgesehen hätte.

Sie bekannte, dass sie vor etwa 14 Jahren einem Mann namens Brendek zu Rom, welcher auf dem Gehöft ihres Vaters gewohnt hatte, vielen Schaden getan hätte. Sie hätte in Teufels Namen einen Topf unter dem Tor vergraben und daraufhin sei dem Mann Schaden an seinem Vieh geschehen, unter anderem seien ihm 2 Ochsen deshalb umgekommen. Sie hätte dies darum getan, weil der genannte Brendek ihr die von ihr geliehenen 8 Reichstaler nicht hatte zurückgeben wollen.

Vor 10 Jahren hätte sie einen Guss vor Paschen Leggetowes Sohn gegossen, daraufhin wäre demselben eine junge Kuh umgekommen und dies wäre deshalb geschehen, weil er sie gescholten hatte.

Dem »Peltzer« vom Marstall, mit Namen Heinrich Simon, der ihr Nachbar ist, hätte sie durch Güsse, die sie vor seine Tür gegossen, nacheinander 3 Kinder vergiftet und umgebracht. Dieses hätte sie darum getan, weil der Peltzer sie einmal eine Teufelshure genannt hatte.

Sie gestand auch, dass sie vor 3 Jahren Thomas Leggetow einen Brausatz Bier verdorben hätte, weil er sie in seinem Haus nicht gern sehen wollte.

Vor etlichen Jahren hätte sie Tewes Giese, der am Kirchhof (wahrscheinlich St. Georgen) wohnte, einen schwarzen Ochsen umbringen lassen. Ebenso noch 2 Ochsen, die beim Wockersee umgekommen wären. Sie hätte die Tiere durch ihren Teufel »böses Kraut« oder Schilf fressen lassen. Dieses wäre deshalb geschehen, weil die alte Giese ihrem Kind »den Hut aufgezogen und Gieses Kind hernach krank geworden« und Thomas Giese sie danach beschuldigte, ihm sein Kind umgebracht zu haben. Doch sein Kind lebte jetzt noch.

Und wieder einmal die Familie Leggetow: Sie bekannte, dass sie Paschen Leggetow vor 6 Jahren zwei Brausätze Bier verdorben hätte. Dieses deshalb, weil er sie gescholten hätte und ihr nicht gestattete, dass sie Korn aus seinem Haus holt. Deshalb hätte ihr Teufel ihm »in das Bier scheißen müssen«.

Angesichts dieser Bekenntnisse kann man sich schon fast denken, wie das anschließende Urteil der hohen Herren gelautet hatte. Doch Belege für die wahrscheinliche Verbrennung, ja schon allein für den vorhergehenden und weiteren Hergang des Prozesses sind bis jetzt noch nicht aufgetaucht.

# Eine Wasserprobe mit Folgen

Anna Ulrichs, die unbescholtene Ehefrau des Chim Dase, seines Zeichens Gastwirt des Dorfes Balow nahe Dambek, mochte zunächst verwundert gewesen sein, als man sie im Jahre 1605 auf das Gut Dambek rief.

Sie ahnte noch nicht, dass sie fünf Jahre später der Anlass für eine vom Herzog angeordnete Untersuchung sein würde. Diese Untersuchung würde durchgeführt werden, weil man Anna Ulrichs damals erwiesenermaßen unschuldig einem Hexenprozess unterworfen hatte.

Auf dem Gut Dambek angekommen, wo Dorothea von Schwerin die Herrschaft für ihren schwachsinnigen Gatten übernommen hatte, wurde sie vom Scharfrichter zu einer aufgespannten Leinwand geführt.

Hinter dieser saß eine Frau, Anna Schwagers mit Namen, die man der Hexerei wegen vor Gericht gestellt hatte und die auch, hervorgerufen durch die Folter auf der Streckbank, ein Geständnis abgelegt hatte. In diesem Geständnis hatte sie unter anderem auch Anna Dase beschuldigt, Zauberei getrieben zu haben.

Dorothea von Schwerin hatte nun nichts Eiligeres zu tun, die vermeintlich erwiesene Hexe mit ihrer Bundesgenossin zu konfrontieren. (Dabei muss man auch bemerken, dass die Dambeker Gutsherren seit jeher und auch noch Jahre nach diesem Fall sehr eifrig waren, was die Verfolgung der Hexerei anbelangte.)

Anna Dase musste sich nun die Vorwürfe der hinter der aufgespannten Leinwand sitzenden Frau anhören. Und als sie sich verteidigen wollte, drohte ihr der Scharfrichter, dass er sie ebenso, wie die Hexe hinter dem Vorhang auf die Bank strecken würde, wenn sie nicht gestand. Anna Dase gestand nicht, auch wurde die Bank bei ihr nicht zur Anwendung gebracht, Dorothea von Schwerin hatte eine andere Möglichkeit im Sinn, Schuld oder Unschuld der Angeklagten herausfinden zu können: die Wasserprobe. Wenn die Angeklagte sank, war ihre Unschuld erwiesen, schwamm sie jedoch, stand einem Prozess nichts mehr im Wege. So wurde denn die Anna Dase geheißen, auf den Wagen des Scharfrichters zu steigen, wo bereits eine andere angebliche Hexe wartete.

Dieser Wagen sollte die beiden Frauen zum Stresower Mühlenteich bringen. Anna Dase wusste jedoch, dass dieses eine Beschmutzung ihrer Ehre bedeuten würde. Auf einem Karren mit einer angeblichen Hexe, solches konnte nur bedeuten, dass alle Leute auch von ihr glaubten, sie sei eine von den Teufelsjüngerinnen. Und sie selbst wusste nur allzu genau, dass sie keine Hexe war. So weigerte sie sich einfach und legte den gesamten Weg von Dambek zur Stresower Mühle zu Fuß zurück; gefolgt wurde dieser Zug von einer riesigen, schaulustigen Menschenmenge.

Am Ufer des Mühlenteiches angekommen, wurden die beiden unter den Augen der Anwesenden gebunden und ins Wasser getaucht. Anna Dase und auch die andere Frau gingen unter. Daraufhin schrie jedoch der ebenfalls anwesende Mann Anna Dases dem Scharfrichter zu: »Wenn du meine Frau versaufen lässt, kriegst du es mit mir zu tun.« Anna Dase und die andere Frau wurden wieder an die Wasseroberfläche gezogen.

Doch während die andere Beschuldigte gänzlich aus dem Wasser geholt und wieder zu dem Karren gebracht wurde, blieb Anna Dase im Wasser. Die »edle und tugendreiche« Dorothea von Schwerin rief ihren Henker im Fall der Daseschen zu sich. Sie verlangte, vielleicht auch unbedacht so, dass die Anwesenden es hörten, dass der Henker das Wehr an der Mühle öffnete. Zwar war dies nicht mehr ihr Herrschaftsbereich, das wusste sie, doch dies hielt sie trotzdem nicht von ihrem Vorhaben ab. Der Henker führte den Befehl aus, das Wasser in dem Teich, der sich an der Gabelung der Tarnitz, der Löcknitz und der Karbe befand, geriet in Bewegung.

Daraufhin rief er der Frau zu: »Willst du nicht schwimmen, so wirst du jetzt schwimmen.« Und solches geschah in der Tat, das strömende Wasser trieb den Körper der Frau an die Wasseroberfläche, als sie erneut hinabgelassen wurde.

Später würden bei diesem Geschehen zugegen gewesene Personen aussagen, dass der Henker auch das Seil nicht ausreichend nachgelassen und die Frau mit einem Stock derart traktiert hatte, dass sie davon ein »Loch ins Heubte« (ein Loch im Kopf) bekommen hätte. Dorothea von Schwerin war nun der Meinung, die Schuld der Angeklagten ersehen zu haben. Sie hieß den Henker, Anna Dase aus dem Wasser zu ziehen und sie zu der anderen Beklagten auf den Wagen zu werfen.

Der Zug ging zurück, unter ihnen auch die empörten Verwandten, Mann, Bruder und Bekannte der Anna Dase, vormals Ulrichs. Auf dem Gut in Dambek angekommen, wurde die Frau in den Brauereiturm gesperrt und ein Prozess gegen sie von der Gutsherrin veranlasst.

Zunächst vergeblich versuchte der Bruder Anna Dases, Jochim Ulrichs, dem Prozess und der Gutsherrin von Schwerin Einhalt zu gebieten. Doch jene war durch nichts zu bewegen, von der Anklage gegen seine Schwester abzurücken. Aber sie rechnete auch nicht damit, dass Jochim Ulrichs, unterstützt von seinem Schwager Chim Dase, den gleichen Starrsinn an den Tag brachte. Die beiden warteten nur auf eine günstige Gelegenheit, ihrer Schwester und Ehefrau die Unschuld zu beweisen.

Diese Möglichkeit ergab sich an dem Tage, als Anna Schwagers, die Frau, die Anna Dase der Hexerei bezichtigt hatte, verbrannt werden sollte. Zu der vorgesehenen Hinrichtung erschienen Jochim Ulrichs und Chim Dase mit einigen von ihnen berufenen Zeugen. Und kurz bevor die alte Frau auf den Scheiterhaufen ging, trat Chim Dase zu ihr und fragte sie, warum sie denn auf seine Frau bekannt hätte. Was hätte denn seine Frau mit ihr zu tun gehabt und hatte sie mit unwirklich Zauberei getrieben?

Anna Schwagers antwortete vor allen Anwesenden, den Gerichtsherren, der Dorothea von Schwerin, dem Jochim Ulrich und seinem Schwager Chim Dase, vor den berufenen Zeugen und allen anderen umstehenden Leuten, »sie wüsste von Chim Dasen Frauen nichts anderes, als Ehr und Gut und were dazu gezwungen, dass sie auf seine Frau bekennen müssen.« Und darauf reichte sie ihm vor aller Augen die Hand und bat ihn um Gottes Willen um Verzeihung. Chim Dase reichte ihr die Hand und mahnte die Zeugen, »solches eingedenk zu sein«. Anna Schwagers wurde verbrannt, doch gegen Anna Dase musste das Verfahren eingestellt werden.

Aber abgesehen von dem Leben, das sie erhalten hatte, war der Ruf der Frau und auch der ihres Mannes ruiniert. Jahr um Jahr wuchs die Bekümmerung, die durch das Reden der Leute entstand.

Jochim Ulrichs konnte dies schließlich nicht mehr mit ansehen und er nahm sich vor, seine Schwester zu rehabilitieren. Dorothea von Schwerin würde ihm Genugtuung für die falsche Beschuldigung geben müssen. So schlossen sich die Angehörigen Anna Dases zusammen und beschlossen, an Herzog Carl I. in Schwerin zu berichten, was ihrer Angehörigen durch die Dambeker Gutsherrin an Gewalt geschehen sei.

Man klagte in dem Schreiben über die falsche Beschuldigung, die grausame Behandlung und den nun entstandenen und immer noch anwachsenden Nachteil durch die Verleumdung.

Herzog Carl I., jetzt im siebzigsten Jahr seines Lebens, soll ein gutmütiger und wohltätiger Herzog gewesen sein und jene Eigenschaften bewies er auch im Fall der Anna Dase. Er setzte eine Kommission zur Untersuchung dieser Sache ein. In einem Schreiben von 25. Januar 1610 wurde das Parchimer Rathaus als Tagungsort bestimmt, der Termin der Untersuchung wurde für den 29. März 1610 gesetzt.

Herzogliche Kommissare waren Bürgermeister und Rat zu Parchim sowie die Hofgerichtsnotare Jochim Bossow und Jochim Ortmann. Der Herzog befahl, dem Kläger die Möglichkeit zu geben, zum ersten die Zeugen zu benennen (...namkundig machen...) und zum zweiten Klageartikel auszufertigen und der Kommission vorzulegen. Diese Artikel sollten den Zeugen vorgelegt werden.

Die Kommission wurde angewiesen, die genannten Zeugen in einer sogenannten »Citatio«, einer Vorladung, nach Parchim kommen zu lassen, gleiches sollte mit der Angeklagten geschehen. Solches wurde auch pflichtgemäß durchgeführt, Jochim Ulrichs benannte die Zeugen, Männer, die entweder bei der Wasserprobe oder bei den Ereignissen kurz vor der Verbrennung der Anna Schwagers anwesend waren, sieben an der Zahl. Auch fertigte er die 47 »Beweisartikul« aus und legte sie den Kommissaren vor.

Diese Artikel schilderten den Hergang des Verfahrens gegen Anna Dase, sie waren so ausgelegt, dass der Zeuge meistenteils nur mit ja oder nein antworten musste. Ihnen wurden von den Kommissaren ausgefertigte Fragen nach Namen, Alter, Stand, der Beziehung zum Kläger und zum Verfahren gegen Anna Ulrichs voran geschickt. Die Untersuchung wurde an dem vom Herzog gesetzten Termin durchgeführt. Fünf der sechs Zeugen waren ordnungsgemäß erschienen, auch der Kläger, wer jedoch nicht kam, war Dorothea von Schwerin. Statt ihrer Person erschien der Perleberger Ratsherr und Notar Nicolaus Thoma als ihr Bevollmächtigter. Er führte ein am 28. März ausgefertigtes Schreiben mit, in dem seine Vollmacht bestätigt wurde. Und dieser Nicolaus Thoma begann sogleich, Ärger zu machen. Er forderte die Einstellung des Verfahrens, blieb jedoch erfolglos. Nachdem der Parchimer Ratsherr Baleke ein Machtwort gesprochen hatte, reiste er ab, die Untersuchung begann auch ohne ihn.

Die Zeugen Curth Böse, Tomas Brouerwald, Claus Arens, Hans Lübbecke und Martin Rambow wurden gemäß der Hofgerichtsordnung vereidigt und nach den Artikeln des Jochim Ulrichs befragt. Zimmermann Cheel Bantzel (aus den Diensten Hans Rhors, des Vaters der Dorothea von Schwerin!) stand als einziger noch aus, doch traf er einige Tage später ein, am 2. April, und wurde vereidigt und befragt.

Damit schlossen die beiden vom Herzog eingesetzten Notare ihr Schreiben und überließen es der Entscheidung des Herzoges, der einige Monate später, genau am 22. Juli 1610, das zeitliche segnete. Zu welchem Ende der Prozess gekommen ist, ist nicht bekannt. Jedoch lässt die Tatsache, dass der Herzog für einen derartigen Vorgang eine Kommission einsetzte (immerhin waren die Hexenprozesse laut Polizeiordnung vorgeschrieben) darauf schließen, dass auch der Landesfürst im Fall der Anna Dase ein Unrecht gesehen haben mag.

Es ist für die Frau nur zu hoffen, dass ihr guter Ruf einigermaßen zurechtgerückt wurde. Sie war eine der wenigen, die dem Tod im Feuer entgehen konnte, weil sich Verwandte für sie eingesetzt hatten.

# Der Fall Trine Zeleke

Am 13. Mai 1656 fuhr der Scharfrichter aus der Stadt, auf dem Wagen hatte er ein längliches Bündel. Die Parchimer Einwohner mochten dem Zug vielleicht fragend nachgesehen haben, vielleicht hatten sie aber auch gewusst, was er aus der Stadt brachte.

Es waren die sterblichen Überreste der Catrina Zeleke, die unter der Folter gestorben war. Unter der Richtstätte auf dem Galgenberg wurde sie begraben, »ohne Klang, Gesang und anderen Ceremonien« und »anderen zum Exempel«. Catrina Zeleke, auch Trine genannt, war der Hexerei bezichtigt worden, sie war eine der ersten nach langer Zeit der durch den Dreißigjährigen Krieg erzwungenen Ruhe in der Hexenverfolgung.

Zu Beginn des Monats Mai hatten sich einige Familien zunächst an Herzog und Herzogin, dann auch an Bürgermeister, Stadtvogt und

Rat gewandt und sich über die Besessenheit ihrer Kinder beschwert. Mehrere Mädchen und Jungen seien vom Teufel besessen, den ihnen niemand anders, als die Trine Zeleke an den Hals geschickt hätte, schrieben sie. Solches sagte der Geist selbst, der aus den Kindern redete und den Untergang der Stadt Parchim mit Feuer und Schwefel ankündigte, falls nichts gegen die Hexen und Hexer in der Stadt getan werden würde.

Der angebliche Geist sprach aus den Kindern, er wolle »der alten Hexe und Hure nicht länger dienen, sie solle einen roten Rock bekommen und das soll das Feuer sein«. Vom anwesenden Scharfrichter forderte er, dass er Trine Zeleke noch in diesem Jahr verbrennen sollte. Selbst den Herrn Superintendent Prenger hätte der Geist schon beschimpft, er hätte ihn Pfaffe und Langrock genannt und vorgeworfen, nicht genügend gegen das Laster der Hexerei getan zu haben. Höhepunkt dieses ganzen Übels sei gewesen, dass einer der Söhne des Jochim Geerke zur Ratsbude gelaufen sei und einen dort herumliegenden Ziegel in das Fenster des Sitzungsraumes geworfen und dabei knapp den Ratsherren Hollstein verfehlt hätte.

Man bittet nun um das Heil aller Einwohner der Stadt Parchim willen vornehmlich gegen die Hexe Trine Zeleke und auch gegen andere, deren Namen von den Geistern lautstark ausgerufen wurden, vorzugehen. Und solches geschah auch.

Stadtvogt Jochim Sundt, seit 1654 in seinem schwer erkämpften und unterbezahlten Amte, fragte beim Pastor Johann Lantzius in Lancken an. Trine Zeleke stammte aus diesem Dorf und der Pastor wusste auch reichlich von ihren angeblichen Untaten zu berichten.

Sie hätte seinem Küster eine Krankheit im Knie angehext, weil er ihr keinen Gefallen tun wollte, eine Magd des Müllers zur Roten Mühle hätte sie an den Teufel verkaufen wollen und deren Dienstherren hätte sie ebenfalls auf dem Gewissen, denn er hätte sich, als er seiner Magd folgte, derart vor dem Bösen entsetzt, dass er kurz darauf gestorben sei.

Und auch hätte sie, die Trine Zeleke, eines seiner Kinder durch Zauberei getötet. Jenes Kind sei derart krank gewesen, dass es sehr schwer litt und dennoch nicht von seinem Leiden erlöst werden konnte.

Erst, als Trine Zeleke ein Vaterunser an seinem Krankenbett gesprochen hatte, war es aus dem Leben geschieden. Ferner sei es allseits bekannt, dass Trine Zeleke eine arge Hexe sei.

Die Untersuchung gegen Catrina Zeleke begann.

Und wie in Hexenprozessen üblich, fanden sich auch bald schon ausreichend Zeugen, die von den Übeltaten der Trine Zeleke zu berichten wussten, die sie ihnen angetan haben sollte. Sie soll jenen Leuten beispielsweise Hühnerläuse auf Leib und Haus geschickt haben. Das Ungeziefer sei überall gewesen und die Zeugen begründeten dieses damit, dass Trine Zeleke mit den ihr gegebenen Almosen nicht zufrieden gewesen sei. Denn einen Tag später hätten sich die Läuse eingestellt. Man sei daraufhin zu Trine Zeleke gegangen und habe sich Rat dazu erbeten.

Die alte Frau hätte ihnen »Wermut« gegeben, damit sollten sie sich selbst und das befallene Holz bestreichen. Solches Mittel half auch, doch weil man sich andererseits auch vor diesen Kräutern fürchtete, wurden sie vorzeitig weggeworfen und nicht nach Vorschrift angewandt.

Die Folge war, dass das Ungeziefer wiederkam. Solches wurde wiederum der alten Frau angelastet und man drohte ihr sogar Schläge an. Ferner soll Trine Zeleke Vieh umgebracht und Krankheiten angehext haben. Und dazu kam noch die Besessenheit einiger Kinder.

Ein Mädchen sei besessen, weil deren Mutter der Trine Zeleke kein Leinen hatte geben wollen, daraufhin sei der Geist auf den Sohn des besagten Jochim Geerke übergegangen, angeblich deswegen, weil der Junge mit Kot nach der Alten geworfen und sie ihn daraufhin gescholten hätte.

Die Glaubwürdigkeit der Kinder wird nicht überprüft, obwohl doch einige Fakten recht fragwürdig sind, wie zum Beispiel, dass der Geist dann nur noch auf die Kinder von Verwandten und guten Bekannten des Jochim Geerke überging.

Es wird auch vermutet, dass der Veitstanz diese Kinder besessen haben soll. Angesichts dessen, dass fast nur die Verwandtschaft des Jochim Geerke angeblich davon betroffen war, kann aber auch geschlossen werden, dass er in der angeblichen Besessenheit der Kinder eine Möglichkeit gefunden hatte, gegen Trine Zeleke und andere als Hexen und Hexer benannte, unliebsame Mitmenschen vorzugehen. Wie Untersuchungen gegen angebliche Zauberer meist endeten, wusste der Mann. So geschah es dann auch mit Trine Zeleke.

Die zahlreichen Zeugenaussagen wurden aufgenommen, Trine Zeleke dazu befragt und sie auch mit den Zeugen konfrontiert, doch die alte Frau hatte nicht gestanden. Die Folter stand also an. Rechtsbelehrungen aus der Universität Rostock waren dieser Meinung. Trine Zeleke wurde zu einem neuerlichen Verhör geführt, man ließ jedoch diesmal durch den Henker die Folterinstrumente zeigen. Dies schreckte Trine Zeleke zunächst nicht, doch als man die Instrumente anlegte, begann sie zu gestehen.

Ihre Lehrmeisterin sei Ilse Quade gewesen, sie hätte ihr beim Wockersee einen Geist zugebracht, der gefordert hatte, sie solle an seinen Rock fassen und somit Gott verlassen. Sie gestand auch, dass sie die Magd des Roten Müllers ihrem Geist hatte zubringen wollen, doch das von der Magd getriebene Vieh hätte sich derart vor dem Werwolf entsetzt, dass jene umkehrte.

Je weiter die Gerichtsherren mit der Folter gingen, desto mehr schien Trine Zeleke in geistige Verwirrung zu driften. Sie gesteht alles, was man ihr vorwirft und noch mehr. Zum Beispiel gibt sie zu, dass sie mit dem Geist »fleischliche Unzucht«, also Geschlechtsverkehr gehabt hätte. Dabei sei ihr aufgefallen, dass das »Membrum Virile« (wie der Sekretär sicherlich mit roten Ohren und verklemmter Feder auf Latein das männliche Glied nannte), viel kleiner sei, als bei anderen Menschen. Nicht gerade schmeichelhaft für einen Teufel, dem eigentlich zugeschrieben wird, einen größeren Penis zu haben, als normale Männer.

Doch zurück zu den ernsthaften Fakten. Die Folterungen wurden neben den üblichen Methoden auch mit Rutenschlägen und dem Abbrennen von Schwefel auf Kopf und Körper durchgeführt. »Mit Bestürzung«, so berichtete der Sekretär Grapengießer, hätte man nach geschehener Tortur jedoch gesehen, dass weder die Schläge, noch der abgebrannte Schwefel Spuren am Körper der alten Frau hinterlassen hatten.

So hatte man nun einen angeblich augenscheinlichen Beweis, dass die alte Frau des Teufels sei, zumal sie solches ja gestanden hatte. Eine Manipulation seitens des Scharfrichters, die durchaus vorgekommen sein konnte, wurde nicht in Betracht gezogen.

Trine Zeleke wurde noch weitere Male verhört. Die Gerichtsherren kamen sogar soweit, dass sie den angeblichen Aufenthaltsort des »Geistes« der Trine Zeleke erfuhren. Doch dieses reichte nicht, man wollte auch den Namen wissen. Aber Trine Zeleke konnte ihnen nichts mehr sagen. Sie fiel ihn Ohnmacht, wurde daraufhin mit Wasser wieder »geweckt« und starb kurze Zeit später unter den Händen des Scharfrichters.

Die Gerichtsherren gerieten in Panik. Mit undeutlicher Schrift suchte man Rat an der Universität Rostock. Man berichtete vom Ableben der Trine Zeleke und sandte aber sogleich das erhaltene Geständnis ein. Der Dekan der juristischen Fakultät riet, den Leichnam der Trine Zeleke vor den Toren der Stadt begraben zu lassen, »ohne Klang, Gesang und anderen Ceremonien«.

Solches beschloss dann auch das Parchimer Gericht, der Scharfrichter führte es noch am selben Tage aus.

Doch damit war der tragische Fall Zeleke noch nicht beendet, sondern hatte noch einige Nachwirkungen. Die Besessenheit der Kinder ließ auch nach dem Ableben der angeblichen Hexe nicht nach. Wahrscheinlich war diese Nachricht noch nicht an die Ohren Jochim Geerkes und Co. gelangt, sodass man immer noch der Meinung war, dass die unliebsame Trine Zeleke lebte. Es wurden weiterhin Leute beschuldigt, Zauberei getrieben zu haben, Leute gingen in Scharen zu den angeblich Besessenen und fragten nach, wer denn in ihrer Nähe eine Hexe sei. So wurde auch Ilse Quade genannt.

Vielleicht war aber auch publik geworden,

dass Trine Zeleke jene Frau als ihre Lehrmeisterin genannt hatte. Egal, worin die Ursachen lagen, es kam zu einem tragischen Ereignis. Aufgebrachte Leute umringten Ilse Quade und schlugen sie mit ihrem eigenen Stock solange, bis sie am Boden lag. Dort wurde sie auch noch mit Fußtritten traktiert. Man ließ sie so liegen, niemand kümmerte sich um sie, niemand wagte es sich, ihr zu helfen, denn zum einen hatte man Angst, mit ihr in Verbindung gebracht zu werden, zum anderen war die abergläubische Angst vor der angeblichen Hexe zu groß. Ilse Quade starb unter freiem Himmel, nachdem sie eine Nacht zerschunden und wahrscheinlich unterkühlt am Boden gelegen hatte.

Ihre Herrin fasste sich schließlich ein Herz und begrub die arme Frau an der Stelle, wo sie gestorben war. Die bekannten und doch unbenannten Lynchmörder wurden nicht bestraft.

Die Beschuldigungen der angeblich Besessenen gingen schließlich sogar so weit, dass sie sich gegen Bürgermeister, Rat und Stadtvogt wandten.

Letzterem wurde es schließlich zu viel. Er wandte sich an die Universität, dass mit den Besessenen Schindluder getrieben werden würde, indem man sie als Orakel benutzte und somit selbst angesehene und unbescholtene Bürger der Hexerei beschuldigt wurden.

Jochim Sundt wurde vom Dekan der bereits genannten juristischen Fakultät angewiesen, den Leuten solches zu verbieten, jedoch forderte man auch, dass den Beschuldigungen nachgegangen werden sollte, was man auch tat. Von Pastoren wurden »Christliche Bedenken« auch hinsichtlich der Kinder eingeholt, die nun anfälliger für den Teufel schienen, als andere. Insgesamt dauerte der gesamte Vorgang bis weit ins Jahr 1657 hinein.

Michael Cordesius erwähnte ihn in seiner 1670 verfassten »Chronicon Parchimense«.

Aus dem »Chronicon Parchimense oder historische Beschreibung der Stadt Parchim im Herzogthum Mecklenburg« von M. Michael Cordesius, Nachdruck Parchim 1670,1995, S. 66:

***Das elfte Capitel: Von anderem merckwürdigen Unglück/so in Parchim geschehen ist.***

*... Nemlich begab es sich Anno 1655 in Vorjahr/dass in der Stadt etliche Bürger und Einwohner Kinder von 16. und mehr Jahren auff Gottes Zulassung/von dem bösen Geist/dem Satan/leider leiblich besessen und übel gequälet worden/ welches leyder auch in kurzer Frist über andre mit kam/so gar, dass auf einmahl in der Stadt elffen Kinder besessen und greulich geplaget wurden. Nicht etwa etliche Stunden und Tage /sondern viele Wochen und Monaht. Sol ein groß Elend da zu sehen gewest seyn/ wenn die armen Kinder vom Teufel an ihren Gliedern gezerret und verunstaltet/oder ihr Mund zur greulichen Gotteslästerung/Schändung und Verleumdung vieler/auch wohl Ehrlicher Christlichen Leuten mißbraucht/oder zu eitlen Lügen und falscher Prognosticierung künftiger Dinge angewendet/oder wenn sie laß gekommen/als vernunftlose und unsinnige Thiere in der Stadt herum/und auff die Dä-*

*cher/und zu vielen schröcklichen ungewöhnlichen Dingen verführet und geführet worden.... Wie besorget/gekräncket/betrübet/und verunruhiget waren ihre Eltern /Anverwandten und Freunde! wie kläglich thaten die Nachbahren! Wie bemühet und bestürzt waren die Prediger! Wie voller Lamentierens und Klagens war die ganze Stadt! Denn der Satan machte mit seinem Schröcken/Lügen/und Verleumdungen/ manchen großen Unlust.... also dass nach einer guten Frist/etwa nach anderthalb Jahren die armen Kinder durch die hertzliche Barmhertzigkeit Gottes und durch den Geist und die Krafft Christi vom Teufel wieder befreyet...*

# Die Hexe mit dem Kohlkopf

Am 27. März des Jahres 1667 richtete Stadtvogt Jochim Sundt wieder einmal ein Schreiben an den Herzog in Schwerin. Mittlerweile saß Christian Louis I. auf dem Mecklenburger Thron und kümmerte sich mehr um seine Reisen nach Frankreich, als um sein Mecklenburg.

Doch Jochim Sundt, getreuer Diener seines Herzogs, sah sich in der Pflicht und wieder einmal, zehn Jahre nach dem ermüdenden Fall der Trine Zeleke und seinen Auswirkungen, suchte der Parchimer Stadtvogt wegen einer angeblichen Hexe an.

Diese war die Frau des Rademachers und Ackersmannes Jochim Müntzel des Älteren. Selbige soll im Herbst des vergangenen Jahres ihren Ochsen bei den Gärten an der Elde gehütet haben, doch dies war noch kein Grund, nein, jene machte sich ganz nebenbei auch über den Kohl in den nicht ihr gehörenden Gärten her. Sie soll die Köpfe von den Stängeln gebrochen und mit nach Hause genommen haben. Dieses hatte die Tochter des bereits verstorbenen Schweinehirten Jochim Brouerwald gesehen und es Zuhause ihrer Mutter und auch anderen Leuten erzählt.

Die alte Müntzelsche hatte dies vernommen und das Mädchen sogleich bedroht und gesagt, der Teufel solle ihr in den Leib fahren. Das schien der Beelzebub auch getan zu haben, kurze Zeit später wurde das Mädchen krank und litt unter elenden Krämpfen.

Nach Angaben der Mutter soll der Teufel sogar aus dem Mädchen gesprochen haben (wahrscheinlich konnte sich jene noch recht gut daran entsinnen, was im Fall der Trine Zeleke geschehen war).

Der Teufel soll gesagt haben, dass die Müntzelsche ihn wegen des gestohlenen Kohls in das Mädchen gewiesen haben soll. Stadtvogt Sundt fügt aber hinzu, dass dem Leibhaftigen nicht zu trauen sei, weil er ein »Lügen-Geist« wäre. Jedoch wäre die alte Frau schon seit Längerem in Verdacht gewesen und nicht nur fremde Leute hätten sie für eine Hexe gehalten, sondern auch ihr eigener Sohn und ihr Ehemann.

Laut Stadtvogt Sundt sei »ihre Familia von

solcher Art«. Ihre leibliche Mutter sei bereits wegen der Hexerei verbrannt worden, auch würde sie ein verdächtiges Leben führen, weshalb von ihr nichts Gutes und vor allem viel Gerede zu hören sei. Deshalb sei dieses Weib gefährlich und Jochim Sundt bittet den Herzog, die Müntzelsche einziehen und einsperren zu dürfen, und auch die Tortur zur Anwendung kommen zu lassen.

Doch Jochim Sundt hatte nicht nur das Seelenheil der Parchimer Einwohner im Kopf, denn einige Zeilen später klagte er darüber, dass die Hexenprozesse zu große Kosten verursachen würden. Die Verschickung der Akten an juristische Fakultäten würde dabei nicht unerheblich sein. Ferner seien noch weitere Prozesse zu erwarten, denn es gäbe sehr viele »böse Leute«, die dem Satan zugetan wären.

Der Stadtvogt bat also, die Kosten der Prozesse aus dem Hab und Gut der Angeklagten decken zu dürfen. Solches sei nach seinen Angaben »reichlich vorhanden«. Des Weiteren suchte er beim Herzog an, die Rechtsbelehrungen nicht wie gehabt aus den Universitäten, sondern aus der herzoglichen Justizkanzlei, von »E. f. D. hochwohlverordneten H. Räte« (Eurer fürstlichen Durchlaucht hochwohlverordneten Herren Räte) einholen zu dürfen.

Das Schreiben ging an den Herzog und wenig später, am 30. März, kam die Antwort aus Schwerin. Der Herzog bewilligte die Verhaftung der Angeklagten und den Beginn eines Prozesses. Die Kosten desselben sollten aus den Besitztümern der Frau gedeckt werden. Auch gab er die Erlaubnis, die Akten an die Rechtsgelehrten der Justizkanzlei zu verschicken, um von dort juristischen Beistand einzuholen.

Der Ausgang dieses Prozesses ist nicht bekannt. Es liegt aber nahe, dass angesichts der Weisungen des Herzogs, ein weiterer Scheiterhaufen in Parchim angezündet worden ist.

# Die Schwiegermutter des Pastors

Stadtvogt Sundt hatte es bereits ein Jahr zuvor angekündigt und nun schien seine Vorhersage einzutreffen: Es gab weitere Hexenprozesse.

Um die Erlaubnis einzuholen, saß der Stadtvogt am 28. November 1668 an seinem Schreibtisch in der Ratsbude und verfasste erneut ein Schreiben an den Herzog in Schwerin, in dem er zwei weitere Frauen als angebliche Hexen angibt. Die eine war eine Frau namens Fröling, von der im nächsten Fall berichtet wird, die andere war Maria Lüders, Frau von Märten Lüders.

Letztere war die Schwiegermutter des Pastors Reme aus Parum. Bereits Anfang November war sie verhaftet worden. Stadtvogt Sundt klagte in seinem Schreiben erneut über Geldnot und bittet darum, die Kosten aus den

Habseligkeiten der Angeklagten decken zu dürfen. Herzog Christian Louis gestattete es ihm in seiner Antwort vom 1. Dezember. Doch dabei rechneten beide nicht mit dem Schwiegersohn.

Johann Reme schrieb am 28. Dezember an den Herzog, der zu dieser Zeit in Bützow weilte. Er klagte darüber, dass man seine Schwiegermutter als eine Hexe eingezogen und vor Gericht gestellt hätte. Nicht nur ihr Ehemann, mit dem sie jetzt 22 Jahre verheiratet sei, sondern auch andere Pastoren und ehrliche und von Adel stammende Leute könnten ihr einen christlichen Lebenswandel bescheinigen. Solch einer »gräulichen Sünde« hinge sie nicht an.

Jedoch hätte sie aus »Furcht und Vermeidung der unleidlichen Marter und Pein der Tortur« etwas auf die »Hexenfragen« sagen müssen, welches sie aber hernach bei ihrem Beichtvater widerrufen und Gott zum Zeugen ihrer Unschuld angerufen hätte.

»Auf solch aufgezwungenes Bekenntnis« könne sie »nicht sterben, noch das heilige Abendmahl zu ihrer Seligkeit empfangen«.

Sein Schwiegervater Märten Lüders hätte bereits beim Gericht vorgesprochen und gefordert, ihm die Gründe der Verhaftung seiner Frau zu nennen und die Akten herauszugeben, doch immer war er abgewiesen worden. Deshalb hoffte Pastor Reme, dass das Gericht keinen Vorwurf gegen seine Schwiegermutter erheben konnte.

Johann Reme richtete nun an den Herzog die Forderung, dass er das Parchimer Gericht anweisen möge, ihm die Akten zur Prüfung beim Hofgericht zu übersenden. Dieses sollte die Frau entweder für schuldig oder unschuldig befinden, damit sie zur irdischen oder himmlischen Ruhe kommen könne, sein Schwiegervater nicht die hohen Gerichtskosten aufgebürdet bekäme und endlich frei von der Schmach wäre, die er nicht länger aushalten könne. Johann Reme verblieb mit Wünschen glücklicher und friedlicher Regierung und untertäniger Demut.

Herzog Christian Louis, derzeit in Bützow weilend, schrieb am 30. Dezember mit hastiger Schrift an den Parchimer Stadtvogt. Er forderte, dass das Gericht die Gründe für die Verhaftung und Anklage der Maria Lüders glaubhaft darstellen sollte. Auch wollte er wissen, wer die Frau angezeigt hatte, wie weit sie der Zauberei bezichtigt worden und der Prozess bisher vonstattengegangen ist.

Maria Lüders Prozess währte noch bis 1671 und endete mit Freispruch.

# Eine Hexe namens Fröling

Im Schreiben des Stadtvogtes Sundt, die vorerwähnte Maria Lüders betreffend, wurde noch eine zweite Frau genannt: die Schwester des Hans Fröling.

Jene war ungefähr zur gleichen Zeit wie ihre Leidensgenossin in den Verdacht der Hexerei geraten und ebenso, wie bei der anderen angeblichen Hexe wurde darum gebeten, die Prozesskosten aus deren Hab und Gut bestreiten zu dürfen.

Doch im Gegensatz zu Maria Lüders hatte die sogenannte Frölingsche niemanden, der sich für sie einsetzte. Ihr Urteil lautete Hinrichtung.

Genauere Fakten zu ihrem Fall waren aus dem Schreiben nicht zu ersehen, ebenso fehlt bisher jegliche Spur der Prozessakten. Der einzige weitere Hinweis auf diese Frau findet sich in der 1825 erschienenen Chronik des Pastors

Friedrich Johann Cleemann. Er erwähnt ein von ihr unter Archidiakon Michael Cordesius gesprochenes letztes Kirchengebet, das wahrscheinlich kurz vor ihrer Hinrichtung aufgenommen wurde.

Dieses Kirchengebet ist nicht mehr vorhanden, ebenso die Aufzeichnung ihrer Hinrichtung, doch soll die Frau namens Fröling, wie schon einige vor ihr, auf dem Galgenberg verbrannt worden sein.

# Die Dargelützer Hexe

Im gleichen Jahr, als Magister Cordesius in seiner Chronik von der Besessenheit einiger Kinder Anno 1656 berichtete, wurde in Dargelütz Lene Lembcke, die Frau des Ackersmannes Stoffer Lembcke vor das Patrimonialgericht gestellt. In Anwesenheit des Gutsherren Ahrend von Möllendorf, des Herrn Behrend von Plessen, des Amtmannes Joachim Baleke vom Parchimer Rat und des Pastors zu Grebbin, Augustus Theophilius als Beichtvater der Angeklagten, wurde Lene Lembcke dem Hexenprozess unterzogen. Es war eines der wenigen Verfahren, in denen ein Geistlicher zugegen war, in der Regel war dies nicht der Fall. Die Rechtsprechung lag in Mecklenburg in den Händen der weltlichen Gerichte.

Lene Lembcke wird wahrscheinlich auch der Tortur unterzogen worden sein, jedenfalls gestand sie, Zauberkunst getrieben zu haben.

Daraufhin wurde sie am 9. März nochmals verhört.

Auf die Frage der Gerichtsherren, von wem sie solche gelehrt bekommen hat, nannte sie ihre Schwägerin Stine Reineke, die sich zu der Zeit bei ihrem Bruder in Lancken aufgehalten hatte. Sie sagte aus, dass besagte Stine Reineke ihr im Haus ihrer Tochter Liese, welches sich in der Nähe des Dargelützer Kirchhofes befand, die Zauberei gelehrt hätte. Dazu hätte sie ihr einen weißen Haselstock in die Hand getan und gesagt: »Greife an diesen weißen Stock und verlasse Gott«, welches sie dann auch getan hätte. Daraufhin sei ihr ein Geist zugeführt worden, der Chim geheißen hatte.

Am 17. März erfolgte daraufhin die Gegenüberstellung von Lene Lembcke und ihrer Schwägerin. Stine Reineke wurde, um mit ihrer Zauberkunst ihrer Schülerin nichts anhaben zu können, mit verhülltem Gesicht vorgeführt.

Sie stritt alle Vorwürfe heftig ab und rief aus: »So gebe Gott, dass du nimmer zu Gnaden kommst, darum, weil du so unschuldig auf mich bekennst.«

Lene Lembcke war aber entschlossen, ihre Schwägerin mit sich ins Verderben zu nehmen und redete ohne Erlaubnis der Gerichtsherren auf Stine Reineke ein.

Sie behauptete, dass Stine Reineke »gestern« (was ja aufgrund der räumlichen Entfernung und auch des laufenden Verfahrens nicht sein konnte) in ihren Stall gegangen wäre und ihr dort zwei Sauen, die vormals angeblich gesund gewesen waren, krank gemacht hätte.

Stine Reineke stritt ab, sagte, dass sie ihre Sauen nicht gesehen hätte, doch Lene Lembcke blieb bei ihrer Aussage. Sie meinte, dass sie den Sauen die Krankheit nur gleich wieder »benommen« hätte. Und ließ nicht locker. Sie beschuldigte Stine Reineke, den Sohn des Hinrich Thies getötet zu haben. Sie solle ihn vom Dachboden stürzen gelassen haben und dies alles nur deshalb, weil Hinrich Thies mit ihrem Mann um eine Säge gestritten hätte.

Stine Reineke stritt auch dieses ab und wurde wieder entlassen. Sie ahnte damals noch nicht, dass sie vier Jahre später ebenfalls und aufgrund der im Falle ihrer Schwägerin ausgefertigten Akten in Parchim wegen Hexerei vor Gericht stehen würde.

Lene Lembcke wurde auf dem Dargelützer Gerichtsberg verbrannt.

Der Sekretär vermerkte in den Akten:

»Inquisita Lene Lembcken, die vorher von ihren Seelsorgern und sonsten anwesenden treu fleißig ermahnt, ja kein unschuldig Blut aus bösem Herzen auf sich zu laden, hat Vorgesetztes alles wahr zu sein mit ihrem Tode bekräftigt.«

Eine sichere Bekräftigung, hatte doch noch niemand die Glut des Scheiterhaufens überlebt.

Die Akten kamen aber auch nach der Hinrichtung Lene Lembckes nicht zur Ruhe. Die Verhörprotokolle vom 9. und 17. März wurden noch einmal vom städtischen Gerichtssekretär Christian Paul bearbeitet und am 21. Mai 1674 entstand ein sogenannter »Extrakt« daraus.

Die Fakten Stine Reineke betreffend wurden aufbereitet und bildeten nun die Grundlage zu einem weiteren Prozess, von dem die folgende Geschichte berichtet.

# Stine Reineke

Der bereits erwähnte Extrakt aus den Verhörprotokollen der Lene Lembcke war ein Auslöser für die Verhaftung der Stine Reineke. Nachdem der Stadtvogt die Stine Reineke betreffenden Fakten aus dem Verhörprotokoll der Lene Lembcke gewonnen hatte, wandte er sich an den bereits aus dem Fall der Trine Zeleke bekannten Pastor Lantzius.

Auch diesmal gab dieser dem fürstlichen Beamten bereitwillig Auskunft, unter anderem darüber, dass Stine Reineke vom Gutsherren Ahrend von Möllendorf aus Dargelütz vertrieben worden sei, weil sie in Lancken vielen Schaden gestiftet hatte, und dass der Vogt Hans Rieke sie von den Gütern Greven und Lancken verjagt hätte.

Sie sei in Dargelütz öffentlich als eine Hexe bekannt und der Schulze (Bürgermeister) zu Kladrum, den man ebenfalls der Zauberei beschuldigt hatte, hätte ebenso auf sie bekannt. Das Attest ist auf den 3. Juni 1674 datiert.

Stadtvogt Sundt ließ daraufhin weitere Untersuchungen anstellen. Besonders interessant schien für ihn die Frage nach den Untaten der Stine Reineke gewesen zu sein, die sie in Lancken begangen haben sollte.

Wie in den Hexenprozessen meist üblich, fand sich auch bald schon jemand, der gegen die achtzigjährige Stine Reineke aussagte. Es war der Vogt zu Möllenbeck, der zuvor in Lancken gewesen ist und mit der Witwe des früheren Dorfschulzen Wesermann verheiratet war. Sein Name war Wilhelm Riemann.

Am 9. Juni 1674, bereits um 5 Uhr morgens, war jener in der Schreibstube des Gerichtssekretärs Christian Paul erschienen. Die dort entstandene Aussage würde zur Verhaftung der alten Frau führen.

Wilhelm Riemann gab unter anderem zu Protokoll, dass ihm durch Stine Reineke drei Pferde, zwei Schweine und zwei Kälber gestorben seien. Die Tiere wären dermaßen toll gewesen, dass sie die Stalldielen aus dem Boden geschlagen hätten. Ferner hätte Stine Reineke seinen Stiefsohn Paul Wesermann krank werden lassen.

Solches geschah auch tatsächlich einige

Tage später, Paul Wesermann erlitt einen neuerlichen Anfall von Wassersucht, die er aber schon vor Stine Reinekes Ankunft des Öfteren gehabt hatte.

Diesmal soll es aber so schlimm geworden sein, dass der Junge dem Tode nahe gewesen sei. Wilhelm Riemann habe daraufhin versucht, mit Erlaubnis seiner »Obrigkeit« des Herrn von Strahlendorf, Stine Reineke zusammenzuschlagen, was ihm aber nicht gelungen ist. Jedoch sei die Krankheit besser geworden, nachdem der Vogt Stine Reineke durch ihren Neffen habe bedrohen lassen. Aber damit noch nicht genug.

Auch wusste Wilhelm Riemann davon, dass Stine Reineke nach dem Tode ihres Mannes von ihrem Schwager einen Ochsen bekommen und diesen an ihren Bruder in Lancken verkauft habe. (Zu diesem Zeitpunkt war sie schon nicht mehr in Dargelütz.)

Ihr Bruder, Jakob Reineke mit Namen, hätte ihr daraufhin versprochen, eine Saat Gerste zu legen. Als Stine Reineke im folgenden Jahr noch eine Saat gelegt haben wollte, sollte er sich geweigert haben. Daraufhin wurde der Ochse tot im Stall gefunden.

Das sollte auch der Grund gewesen sein, dass Stine Reineke nicht bei ihrem Bruder bleiben konnte. Die Frau wurde am Abend des 11. Juni wegen des Vorwurfes der Hexerei verhaftet. Am nächsten Morgen fand das erste Verhör statt. Die Fragepunkte bezogen sich hauptsächlich auf die Aussage des Wilhelm Riemann, des Weiteren auf das Attest des Lanckener Pastors und den Extrakt aus dem Verhörprotokoll der Lene Lembcke.

Stine Reineke stritt alles ab. »Nimmermehr sollte einer erfahren, dass ich Zauberei könne, der fromme Gott wird mich davor bewahren.«, sagte sie. Und diesen Vorsatz verwirklichte sie zunächst auch. Es folgten zahlreiche Verhöre und eine erneute Zeugenaussage des Wilhelm Riemann, in der er von der späten Verlobung der Stine Reineke mit Jürgen Hoff aus Zölkow berichtete.

Dem Bräutigam war zu Ohren gekommen, dass seine Zukünftige eine Hexe sei und daraufhin hatte er sie loswerden wollen. Als beide nun zur Lösung des Eheversprechens nach Lübz aufs Amt gerufen worden waren, sei Stine Reineke auch zu dem Taufgelöbnis befragt worden. Und dort hätte sie diese Worte nicht nachsprechen können, was sie sehr in Verdacht gebracht hätte.

Der Stadtvogt befragte Stine Reineke 26 Tage später in dem am 8. Juli stattgefundenen

»artikulierten« Verhör dazu, doch auch hier sprach sie diese Worte nicht nach, was gründlich protokolliert wurde, denn jede kleine Bewegung von ihr wurde aufgezeichnet. Auch in diesem Verhör befragte man Stine Reineke zu den Aussagen ihrer Schwägerin, des Pastors zu Lancken und des Wilhelm Riemann.

Unter anderem fragte man auch nach dem verdorbenen Brauwerk des Pastors und nach der Geschichte mit dem vom Dachboden gefallenen Sohn des Hinrich Thies. Stine Reineke stritt ab. Auch das folgende Zeugenverhör und die »Confrontatio«, die Gegenüberstellung mit den Zeugen, welche Wilhelm Riemann und Greta Lange, eine Witwe aus Lancken, waren, brachte nichts. Man wandte sich also an die Justizkanzlei, um eine erneute Rechtsbelehrung einzuholen. Die Herren Räte Alexander Kirchberger und Hans Hinrich Wedemann rieten in ihrem auf den 18. Juli datierten Schreiben an, die Territion und anschließend dem Alter entsprechende Tortur zur Anwendung kommen zu lassen, wonach sich das Stadtgericht unter Jochim Sundt auch richtete.

Während die Schreckung mit dem Vorzeigen der Folterinstrumente nicht fruchtet, verfehlt die Tortur ihr Ziel nicht. In der Nacht von 23. zum 24. Juli um 11 Uhr wurde Stine

Reineke mit Tritze und Beinschraube gefoltert und zu einem Geständnis gebracht.

Sie gestand, die Zauberei von der Hörnermannschen aus Dargelütz und der Greta Kasten aus Benthen gelehrt bekommen zu haben, eben mit der Formel »Greif an diesen weißen Stock und verlasse Gott«. Sie hätte diese Kunst weitergelehrt, an eine Frau in Zölkow, die Eva hieß, dann der Dünnebierschen zu Lancken und auch der verbrannten Lene Lembcke.

Man ermahnte sie, ja nicht auf Unschuldige zu bekennen und dieses versprach sie auch, aber wahrscheinlich war dies ein leeres Versprechen, denn jene, die sie nannte, waren sicher ebenso unschuldig wie sie. Dem Gericht genügte dies aber noch nicht, es wollte Details wissen.

Und so sagte Stine Reineke aus, dass sie vier Geister zum Buhlen zugeführt bekommen hätte: Claes, Peter, Hans und Hinrich. Bis auf den Peter hätte sie die anderen an ihre Schülerinnen weitergegeben. Sie selbst hätte mit allen Geistern »gebuhlet«.

Erst vor ein paar Tagen sei ihr Peter zu ihr auf die Streu gekommen und habe sie gefragt: »Warum lieget ihr hier so elend?« Infolge des Buhlens mit den Geistern hätte sie viermal im Jahr eine tote Maus geboren, diese hätte sie dem Vieh ins Wasser getan, um es umzubringen.

Stine Reineke sprach davon, dass über der Eide in den Tannen ein Blockberg sei, beim Hexensabbat dort hätte sie auch die Elisabeth Ahrens gesehen, die zur gleichen Zeit wie sie wegen Hexerei inhaftiert war. Auch gestand sie, den Stiefsohn Wilhelm Riemanns krank gemacht und den Sohn Hinrich Thiesens umgebracht zu haben.

Einem Mann namens Hans Ruwohlt hätte sie ein Pferd im Graben ersaufen und einen kleinen Knaben umbringen lassen, weil er ihr kein Geld leihen wollte.

Im vergangenen Frühjahr hätte sie auch dem Parchimer Bürger Johann Coß einen Ochsen durch ihren Geist umbringen lassen, weil seine Frau ihr »Hede« zum Spinnen verweigert hätte. Und was das Brauwerk des Pastor Lantzius anbelangte, so habe sie dieses verdorben.

Die Weise, wie es Ihr Geist gemacht haben will, schreibt der Sekretär mit dem Vermerk »salvo honore« – mit Verlaub – auf, wahrscheinlich wird sie, wie viele andere angebliche Hexen auch gesagt haben, dass ihr Geist den Betreffenden ins Bier »geschissen« hat.

Nach all diesen Geständnissen hatte Stadtvogt Sundt aber immer noch das Gefühl, dass sie noch nicht alles gesagt hätte. Nochmals wurde Scharfrichter Fliegenring aufgefordert, die Tritze anzuziehen, doch da habe Stine Reineke lauthals geschrien: »Ich weiß nichts mehr, ich weiß nichts mehr.« Daraufhin wurde von ihr abgelassen und man brachte sie wieder in den Kerker.

Zwei Tage später führte man sie erneut vor Gericht. Eigentlich stand das Urteil bereits fest, diese Befragung sollte lediglich der Bekräftigung des Geständnisses dienen.

Doch es treten Widersprüche auf. Zum Beispiel wusste sie nicht mehr, wie einer der Geister geheißen hat, statt Claes sagte sie nun Hinrich, auch hätte sie die Ahrensche nicht auf dem Blocksberg gesehen. Die anderen Punkte gab sie fast alle zu.

Um eine weitere Bestätigung der in der Tortur gemachten Aussagen zu finden, wurden die angeblich Geschädigten vor Gericht geholt. Johann Coß und seine Frau, Hans Ruwohlt und Pastor Lantzius samt Frau wurden befragt und bestätigten größtenteils ihre angeblich durch Stine Reineke verursachten Schäden.

Nur Hans Ruwohlt korrigierte, dass es kein Junge, sondern ein Mädchen gewesen ist, welches an einem Geschwür auf der Brust gestorben sei. Auch hätte er die Stine Reineke nicht geschlagen, sondern ihren Neffen Albrecht Reineke und ebenso war das Pferd nicht im Graben ersoffen, sondern an den Folgen des Sturzes einige Tage später gestorben.

Diese Widersprüche hätte das Gericht eigentlich dazu veranlassen müssen, sich zu fragen, ob die alte Frau nicht doch nur aufgrund der Schmerzen geantwortet hatte, was das Gericht hören wollte. Doch dem war nicht so und auch die daraufhin angerufene Justizkanzlei in Schwerin erkannte auf Todesstrafe durch das Feuer.

Am 5. August wurde das Urteil durch Bürgermeister, Stadtvogt und Rat beschlossen.

Wann jedoch die Hinrichtung stattfand, ist nirgends verzeichnet, es gibt seltsamerweise auch kein Protokoll darüber.

# Die Hexe, der man beistand

Eine der wenigen der Hexerei angeklagten Frauen, die der Todesstrafe entgehen konnten, war Elisabeth Ahrens, die Frau des Parchimer Bürgers Klaus Ahrens.

Ebenso, wie Stine Reineke war sie im Frühjahr 1674 inhaftiert und den Verhören unterzogen worden. Ähnlich wie Trine Zeleke im Jahre 1656, wurde auch sie mit brennendem Schwefel gefoltert.

Doch aufgrund des Einsatzes ihres Mannes wurde sie nicht, wie jene, mit der sie inhaftiert war, auf dem Galgenberg verbrannt.

Klaus Ahrens hatte sich, zusammen mit seinen beiden erwachsenen Söhnen an den Herzog gewandt und sich dort über die ungerechtfertigte Verhaftung seiner Frau beklagt.

Sie sei in Ketten an Händen und Füßen durch die Stadt geführt und dort dem Spott der Einwohner ausgesetzt gewesen, dann habe man sie in die »Hege auf der Neustadt«, wahrscheinlich den Fangelturm, gebracht und dort ebenfalls an Ketten geschlossen.

Der Stadtvogt hätte aber keinerlei Anlass dazu gehabt, denn jene, die sie in der Folter bezichtigt hatte (der Name wurde nicht genannt), hätte sonst nur Gutes über seine Frau geredet und was sie Schlechtes gegen sie sagte, hätte sie nur wegen der Qual in der Folter geredet. Herzog Christian Louis schrieb daraufhin an den Parchimer Stadtvogt und berichtete von der Klage der Herren Ahrens.

Doch der Stadtvogt berief sich darauf, nur den herzoglichen Befehl durchgeführt zu haben. Es begann ein recht reger Schriftwechsel zwischen Klaus Ahrens, dem Herzog und Stadtvogt Sundt.

Klaus Ahrens klagte darüber, dass seine Frau mit brennendem Schwefel gefoltert worden sei, der Stadtvogt, der inzwischen krank gewesen ist, antwortete, dass den drei Männern nicht zu glauben sei, denn sie seien allesamt Spitzbuben. So ging es einige Monate. Der Prozess gegen die Frau lief aber weiter und noch am 25. August wurde sie erneut der Tortur unterzogen.

Sie gesteht teilweise, doch scheinbar reichte dies alles nicht aus, um sie den Flammen auszuliefern. Auch tat der Protest der Herren Ahrens ein Übriges. Elisabeth Ahrens wurde »nur« der Stadt verwiesen, was die Männer wiederum zu einer Klageschrift an den Herzog nötigte.

Man berichtete davon, dass ihre »respective Frau und Mutter« nicht »die Hand zum Munde führen« könne und dass es ihr auch sonst sehr schlecht ginge. Sie sei keinesfalls dazu imstande, sich draußen vor der Stadt selbst am Leben zu erhalten. Außerdem beklagte man, dass ihnen per Urteil die Gerichtskosten von 104 Reichstalern und 8 Schillingen aufgebürdet wurden.

Mit diesem Schreiben verstießen die Männer jedoch gegen die geschworene Urfehde, dem Versprechen, sich nach dem Urteil nicht an den Gerichtsherren zu rächen. Sie wurden daraufhin inhaftiert und kurze Zeit später, als sie gelobten, sich fernerhin der Klagen zu enthalten, wieder entlassen.

Wie das weitere Schicksal der Frau ausgesehen hat, erzählen die Akten nicht. Dass sie die Hand nicht mehr zum Mund führen konnte, wie ihr Mann und ihre Söhne berichteten, lässt darauf schließen, dass die Folter, die vermutlich auch mit der Tritze durchgeführt worden ist, dazu geführt hatte, dass die Arme der Frau ausgekugelt waren, vielleicht waren sogar die

Gelenkkapseln irreparabel gebrochen. Auf jeden Fall wird das Leben der Elisabeth Ahrens nicht mehr viel Qualität gehabt haben. Wenn sie überhaupt überlebt hatte, wird sie den Rest ihres Lebens ein Krüppel gewesen sein.

# Die letzte Hexe?

Zehn Jahre nach dem Tod des Stadtvogtes Sundt wurde die letzte nachweisbare Hexe in Parchim vor Gericht gestellt. Es war eine Frau namens Eva Grothclassen und wie so oft, ist bei ihr auch keine Prozessakte mehr vorhanden. Doch es gibt Schriftstücke, die einen Einblick in das Verfahren geben.

Der Prozess wurde vom fürstlichen Stadtvogt Andreas Bergmann geführt, welcher im Jahre 1676 als Nachfolger des verstorbenen Stadtvogtes Sundt vereidigt worden war. In der Amtszeit dieses als sehr kränklich beschriebenen Mannes ist jedoch bisher nur dieser eine Hexenprozess nachgewiesen.

Am 15. April wurde eines der »gütlichen« Verhöre gegen die Frau durchgeführt. Zuvor war sie bereits dreimal der Tortur unterworfen gewesen, gestanden hatte sie jedoch nicht.

Am 30. April antwortete das Land- und

Hofgericht auf die Bitte des Parchimer Stadtgerichts um Rechtsbelehrung. Dieses erkannte, dass die Frau aufgrund ihrer Hartnäckigkeit nicht als Hexe verurteilt werden könne, doch könne man ihr anhand von Indizien den Umgang mit Stillen und Böten nachweisen und auf diese Straftat solle sie verurteilt werden. Man schrieb:

»Weil aber gleichwoll dieselbe das Sagen und Böthen zugestanden, ungemeiner, seltsamer in Gottes Worth und der Polizey verbotener Curen, welcher pactum cum diabolo implicitum inferieren wollen einige Jahr gebraucht, dadurch viele Leute zu dergleichen Aberglauben, so viel an ihr gewesen, verführet und große Ärgernis dadurch unter der gemeinen Bürgerschaft angestiftet, so wird sie solcher öffentlich bekandten und damit solche Greuel gäntzlich abgethan...«

Das Urteil lautete öffentliches Auspeitschen mit Ruten am Pranger für »etliche Stunden«. Darüber hinaus sollten vor ihren Augen »das Messer und Degen, welche sie zu ihren abergläubischen Curen missbrauchet, von dem Scharfrichter zerbrochen und nachgehend ins Wasser geworfen« werden. Nachdem dieses geschehen sei, sollte sie nach Leistung der Urfehde des Landes auf ewig verwiesen werden.

Auch wurde den Gerichtsherren erlaubt, die Habe der Frau einzuziehen. Einen Tag später bat der Parchimer Bürgermeister und Rat den Herzog, die Landesverweisung anzuordnen.

Solches geschah am 2. Mai 1683. Daraufhin forderte der Herzog einen Bericht von der Vollstreckung des Urteils. Solcher lag den Akten nicht mehr bei. Fest steht jedoch, dass diese Parchimer Hexe mit dem Leben davongekommen ist.

# Anmerkungen

[1]Diese Zahl ist entnommen dem »Hexen und Hexenprozesse«, herausgegeben von W. Behringer im DTV-Verlag 1995. Abweichungen sich aber wahrscheinlich, da sicher nicht mehr alle Akten existieren. (Hexen u. Hexenprozesse. München 1995. S.193)

[2]W. Behringer gibt in dem unter 1 angegeben Werk die Zahl für Mecklenburg mit 1000 an, der Universität Rostock sind ca. 2000 verschiedene Akten bekannt. Bruno Gloger u. Walter Göllner geben in ihrem 1983 erschienen Buch »Teufelsglaube und Hexenwahn« die Zahl der Verfahren bis 1735 mit 223 an. Sie selbst geben zu, dass die Statistik unzureichend ist. Interessanterweise enthält das Buch jedoch eine Aufschlüsselung der Verfahrensverläufe der angegebenen Zahl. Die Ergebnisse lauten folgendermaßen: Scheiterhaufen: 130, Schwerhinrichtung: 3, Haftstrafe: 1, Ausweisung: 12, Stäupen: 4, Geldstrafe: 1, Entlassung: 14, Selbstmord: 3, Tod im Verfahren: 6, Flucht: 2, Unbekanntes Ergebnis: 47

[3]P. Schneider: Hexenwahn. Hexen und Hexenprozesse in Schwerin., Schwerin 1996, S. 30.

[4]Der Hexenhammer basierte auf die Bulle des Papstes Innozenz II. und wurde von ihm abgesegnet. Bis 1669 hatte er 34 Auflagen erlebt. (Quelle: Spiegel Nr. 52, 23.12.96)

[5]siehe auch Wossidlo/Teuchert: »Mecklenburgisches Wörterbuch« S. 650-674, ein Teil der nachfolgenden Darstellungen sind diesem Werk entnommen, jedoch nicht einzeln gekennzeichnet.

[6]siehe auch B. Keuthe: Parchimer Sagen, Parchim1995-.

[7]Aus: W. Behringer: Hexen und Hexenprozesse, München 1995. S. 104.

[8]Auch Pastor Freude war der Meinung, der die Hexerei existierte und bestraft werden müsse, jedoch verwarf er viele Ansichten als unrichtig, zum Beispiel, dass sich die Hexe in ein Tier verwandeln oder dass der Teufel mit einer Hexe Kinder zeugen könne usw. In seinem 1671 erschienene Werk Gewissensfragen oder gründlicher Bericht von Zauberei und Zau-

berern, der meiner Meinung nach zu Unrecht als protestantischer Hexenhammer bezeichnet wird, schrieb er zur Tortur: »etliche sind so hart, dass sie auch auf der Folterbank nicht gestehen, andere so weich, dass sie schon beim ersten Grade alles gestehen, woran sie nie gedacht haben«. Er forderte unter anderem auch, dass dem Gericht christliche Ärzte beigeordnet werden sollten, damit keine Unschuldigen verurteilt würden. Die Prediger, so seine Ansicht, sollten sich gänzlich zurückhalten(!).

[9]Stadtvogt Jochim Sundt hatte 1667 dem Herzog geklagt, dass die Belehrungen an der Universität Rostock zu teuer für die Stadt seien. Daraufhin hatte er die Erlaubnis erhalten, die Rechtsbelehrungen in der Justizkanzlei Schwerin einholen zu dürfen, was jedoch auch bedeutete, dass Todesurteile schneller ausgesprochen wurden, als von der Juristenfakultät.

[10]W. Behringer: Hexen u. Hexenprozesse, S. 441: »...dass hinfüro in den peinlichen Gerichten bei angestelltem scharfen Verhör der wegen Zauberei inhaftierten und der Tortur untergebenen Delinquenten so wenig von den zu der peinlichen Befragung adhibierten Richtern und Beisitzern gefragt werden sollte, ob

*reus* oder *rea* auf dem Blocksberg gewesen und daselbst gegessen, getrunken getanzet oder anderes teuflisches Gaukelwerk getrieben und diese oder jene Person mitgesehen und erkannt habe, noch auch, so der Gepeinigte von selbst obiges alles erzählen und für Wahrheit berichten wollte, desselben Bekenntnis einigen Glauben beilegen, noch zu Protokoll bringen und des Beklagten Namen verzeichnen lassen sollen, zumalen alle dergleichen denuntiationes ex fonte malo herfließen und also billig zu abominieren und zu keinem Grund rechtschaffener Beweisung zu legen seien.«

# Quellenverzeichnis

## *Archivalien*

### Stadtarchiv Parchim

ungeordnete Bestände, Zauberei, Fälle der Catharina Dünnebier, Trine Zelecke und der Frau des Schulzen zu Rom

Sign. 1196a (18f) Vom Scharfrichter

### Museum der Stadt Parchim

F. Wagner: Ein Hexenprozess zu Parchim im Jahre 1674,

Aus der Heimat, Beilage zur Norddeutschen Post, 1933

### Mecklenburgisches Landeshauptarchiv

Acta civitatum spec. Parchim: Sign. 952, Zauberei; Sign. 323-350, Inquisitionalia 1521-1695

## *Literatur*

K. Augustin: Geschichte der Stadt Parchim, 1926, Reprint Schwerin 1995

Behringer, W. (Hrsg.): Hexen und Hexenprozesse, München 1988

E. Boll: Geschichte Meklenburgs, Neubrandenburg 1855, Reprint Neubrandenburg 1995.

F.-J. Cleemann: Chronik und Urkunden der meckl.-schwerinschen Vorderstadt Parchim, Parchim 1825.

M. Cordesius: Chronicon Parchimense oder Historische Beschreibung der Stadt Parchim, Rostock 1670.

W. Göllner / B. Gloger: Teufelsglaube und Hexenwahn, Leipzig 1983.

B. Keuthe: Parchimer Sagen, Parchim 1995

P. Schneider: Hexenwahn. Hexen und Hexenprozesse in Schwerin, Schwerin 1996